KB179808

한국의 정치와 교회가 배워야 할

앙겔라 메르켈의 통일독일 리더십

이수영 지음

한국의 정치와 교회가 배워야 할

앙겔라 메르켈의 통일독일 리더십

이수영 지음

프롤로그

어느 누구도 자신의 조국을 선택해서 태어날 수는 없다. 태어나 보니 그곳이 조국이 되었고, 설령 그곳이 죽도록 싫은 곳이라 하더라도 쉽게 바꿀 수 없다. 북한 땅에서 고생하는 주민들을 생각하면 그런 의미에서 참으로 안타까운 생각이 든다. 서독 함부르크에서 태어난 앙겔라 메르켈(Angela Merkel, 1954년 7월 17일)은 생후 8주차 때 순전히 아버지의 선택에 의해 동독으로 이주하게 됐다. 그 당시 동독 주민들 상당수는 동독에서 서독으로의 방향이었기에, 그녀의 부모님들은 매우 의외의 선택을 한 것이다. 따라서 그녀도 본인의 의사와 상관없이 동독에서 살아야 했으며, 그렇게 35년을 살다가 1990년에 드디어 통일을 맞이했다!

독일의 통일은 독일 국민이라면 누구나 마음 한편으로 기대는 하고 있었겠지만, 그렇게 갑작스럽게 또 매끄럽게 진행될 줄은 아무도 예상하지 못했다. 심지어 빌리 브란트(Willy Brandt, 1913-1992) 수상의 특별보좌관으로 사민당(SPD, die Sozialdemokratische Partei Deutschlands)의 동방정책 입안자였던 에곤 바르(Egon Bahr)는 통일 직전까지도 "통일은 꿈도 꾸지 말라"고 일축했었다.[1] 게다가 동독 수상 에리히 호네커(Erich

Hönecker, 1912-1994)의 뒤를 이은 에곤 크렌츠(Egon Krenz) 또한 "도이치 사회주의는 협상대상이 아니다"라고 자신감에 차 있었다.[2] 그런데 기적이 일어났다. 물론 그 기적 뒤에는 소련 공산당 서기장이었던 고르바초프(Mikhail Gorbachev)의 페레스트로이카(Perestroika, 개방)와 글라스노스트(Glasnost, 재건)가 결정적인 역할을 했다.

그럼 그가 없었다면 통독은 없었는가? 그가 없었다 해도 독일의 통일이 불가능하진 않았을 것이다. 다만 훨씬 더 거칠게 진행되었을 가능성이 높다. 이미 동구권 전체가 흔들리고 있었기 때문이다. 80년대 들어서 동유럽의 자유화 물결은 꽤 거세게 불고 있었다. 가장 큰 이유는 그동안 이들 국가에 큰 영향력을 행사해오던 소련의 경제가 무너지고 있었기 때문이다. 따라서 동구권 최전선의 보루이자 사회주의 모범국가라는 평을 받던 동독도 흔들리기 시작했다. 그런데 사실은 그 동독의 경제도 겉보기와 달리 진작에 파산 상태였다.

서독의 눈부신 발전과는 너무 비교되게, 당시 동독에서는 주민들이 자기 인생을 허비하고 있다는 느낌이었다고 했다. 그들은 서독 TV를 통해 동서독 사이의 차이가 얼마나 큰지 잘 알고 있었다. 노동자 천국이라는 사회주의 국가에서 작업복 한 벌을 구할 수가 없었다.[3] 월급을 받아도 도대체 살 물건이 없었다. 오렌지 한 쪽, 청바지 한 벌 귀했기에, 그들은 서독의 친지들로부터 심지어 속옷까지도 공급받아야 할 정도였다. 자연스레 Vitamin-B 시장(밀거래, 독일어의 '관계'를 뜻하는 Beziehungen)이 움직이고 있었다. 자유 시장경제의 대표 주자인 서독이 2차대전 후 미국의 도움을 받으며 빠르게 세계 정상의 경제국으로 부상하는 사이, 장벽 너머의 동독은 40년이 지나도록 50년대 수준에서 전혀 발전이 없었기 때문이다. 전후 소련의 사주를 받은 동독 정부가 그들의 사회주의를 실현시키기 위해 비밀경찰(Stasi, 슈타지)을 통해 주민 개개인을 철저하게 감시하고 억압한 결과였다. 창의성, 위험 부담 감수 그리고 성실과 근면이라는 인간 본성에 기초한 시장 경제를 부정하고 몇몇 사람들이 책상에 앉아 그린 통제 경제가 만들어 놓은 당연한 귀결이었다.

한마디로 동독 주민들에겐 희망이 없었다. 그럼에도 당시 동독의 지도부는 '개혁된 사회주의'니 '제3의 길'이니 하는 속임수로 주민들을 현혹시키면서, 서독의 도움을 받아 일단의 위기만 넘기면 자신들의 기득권은 유지할 수 있다고 생각했다.[4] 게다가 서독의 사민당(SPD) 인사들도 어려움에 처한 동독 정부를 도와야 한다고 거들었다. 그렇게 시간을 끌다보면 통제에 익숙한 동독 주민들이 정부의 관리에 따라올 것이라 착각한 것이다. 그러나 동독 주민들은 자유를 원했다. 그들이 진짜 원한 것은 조금 변화된 동독이 아니었다. 그들은 더 이상 사회주의 독제 체제에서 살고 싶지 않았던 것이다.[5] 그리고 그런 생각은 당시 베를린의 물리화학연구소 연구원이었던 앙겔라 메르켈에게도 마찬가지였다. 그녀가 조금 뒤늦게 반정부 운동에 관여했던 것이 사실이지만, 그녀는 누구보다도 사회주의로는 비전이 없다는 인식에 분명했다. 사실 그녀는 동독을 자신의 조국으로 생각하지도 않았다. 스포츠 중계 외에는 동독 TV도 거의 보지 않았다.

슈피겔(Der Spiegel)의 티나 힐데브라트(Tina Hildebrandt) 기자는 앙겔라 메

르켈이 정치가로서 탁월한 이유를 다음 3가지로 요약했다.[6]

'깨어있는 지성(wacher Verstand)', '빠른 파악력(schnelle Auffassungsgabe)', '기회 포착에 대한 본능(Instinkt für die richtige Gelegenheit)'이 그것이다. 독일 정치계에서는 매우 드물게도 그녀는 일반인 출신으로 특정한 지지세력도 없었다. 젊은 시절 내내 연구원으로 활동했을 뿐, 정치를 배우거나 사람들을 만날 기회도 없었다. 헬무트 콜 수상은 통일 후 그녀를 처음 장관에 발탁했을 때, "그녀는 포크와 나이프도 제대로 사용할 줄 몰랐지요"라고 기억했다.[7] 동독 출신인 그녀가 서독의 총리가 된 지금도 그녀의 삶이 다소 특이한 것은 사실이다. 그녀는 향수를 쓰지 않는다. 반지와 목걸이도 하지 않는다. 화장도 아낀다. 커피도 마시지 않는다. 아침에 그녀는 페퍼민츠(Pefferminz)차를 마신다. 벌써 수년째 이태리 여름 휴양지에서 입는 옷이 똑같았다. 또 개를 무척 무서워한다. 그러면서도 그녀는 열렬한 축구팬이다.

그 외의 사생활도 거의 알려져 있지 않다. 동독에서의 학창 시절 그녀는 러시아어와 수학에서 매우 뛰어난 학생이었다. 하지만 루터교 목회자의 딸로서 사회주의 동독 사회에서는 거의 불가능한 고등교육의 기회가 그녀에게 주어졌다는 것은 다소 의아스웠다. 그녀의 아버지 호르스트 카스너(Horst Kasner)의 별명은 '붉은 목사(Der Rote Priester)'였다는 사실이 어떤 영향을 주었을가? 또 혹자는 그녀가 '에리카(Erika)' 라는 암호명으로 불린 슈타지(Stasi)의 비밀요원(IM, Inoffizielle Member)이었다고 음해한다. 그러나 그녀는 총리로서 당당하게 말한다. 동독에서 그 어떤 부끄러운 일에도 관여하지 않았다고 말이다.

이 책의 출발선은 이미 다 알고 있는 한 천재 소녀의 성공기를 다루려는 것이 아니다. 그녀가 공개적으로 밝힌, 그녀의 삶을 이끌었던 단 한 가지는 그녀의 신앙이었다.[8] 어릴 적 아버지와 교회에서 배운 신앙이 그녀의 삶의 근원이었다. 결국 그녀의 삶은 성경적 삶을 실현하고자 했던 부단한 노력의 결과였다. 그녀의 공인 전기작가 스테판 코르넬리우스(Stefan Kornelius)의 표현대로 그녀의 입지전적인 삶은 '프로이센의 책임감과 프로테스탄티즘의 노동윤리'로 채워진 것이다.[9]

"남들보다 조금 더 노력하기가 어렸을 때부터 몸에 배었다. 더 잘하기, 더 잘 알기, 남들보다 앞서기와 같은 지속적인 자기 개선을 위한 루터교적 열정을 메르켈은 결코 소홀히 하지 않았다."

마르틴 루터가 낳고 활동했던 지역이지만, 그녀가 살았던 동독은 신앙의 자유를 통제한 나라였다. 그럼에도 그녀는 자신의 삶을 이끄시는 하나님을 의지하고 한 걸음씩 따라갔다. 그리고 이제 그녀의 신앙이 통일 독일의 정치가로서 매우 특출나게 드러나기 시작했다. "정직과 선함의 미학", 그녀를 오랫동안 가까이서 지켜본 동료가 그녀에 대해 묘사한 말이다.[10] 지금부터 그 이야기를 하고자 한다. 통일은 과연 그녀에게 어떤 의미일까? 동독에서의 35년 삶 그리고 통일에 이르기까지와 그 이후의 전 과정을, 가능한 그녀의 시각을 따라 살펴보았다.

목 차

제1장

카시 (Kasi!)

그래서 저는 늘 이방인 취급을 받았습니다.

– 앙겔라 메르켈

서독에서 동독으로

앙겔라 도로테아 카스너(Angela Dorothea kasner)는 1954년 7월 17일 신학자이자 루터교 목사인 호르스트 카스너(Horst kasner, 1926–2011)와 어머니 헤르린트 옌츠쉬(Herlind Jentzsch, 1928–2019) 사이에서 태어났다. 그녀의 친조부는 폴란드 출신으로 원래의 성은 카쯔미르착(Kaźmierczak)이었으며, 조모는 베를린 출신의 순수 독일인이었다. 그리고 어머니도 폴란드 단치히(Danzig) 태생의 독일인으로, 학교에서 영어와 라틴어를 가르치는 교사였으며 그녀의 아버지 빌리 옌츠쉬(Willi Jentzsch) 또한 김나지움의 교장이자 단치히의 저명한 정치인이었다. 앙겔라의 아버지 카스너는 명문 하이델베르크 대학에서 4년간 신학을 공부하고, 1952년 졸업 후 북서부의 산업도시 빌레펠트(Bielefeld)에 있는 루터교 베텔신학교(Kirchliche Hochschule Bethel)에서 실천 신학을 전공했다. 그 뒤 함부르크 북부의 빈터후데(Winterhude)에 있는 주현절교회(Church of the Epiphany)에서 임시 부담임목사직을 맡고 있었다.[11] 금발의 전형적인 북부 미인인 어머니 헤르린트와 운동선수처럼 키가 크고 지성적인 호르스트 카스너는 함부르크에서 만나서 결혼하게 된다.

어느 날 카스너 목사는 선배로부터 동베를린 근교 브란덴부르크(Brandenburg) 외곽에 위치한 조그마한 루터교회 청년부 담당목사직 제안을 받는다. 이 시기는 약 270만 명의 동독 주민들이 서독으로 넘어오던 시절이었기에, 상당수의 동독 출신 목회자들 또한 공산주의 하에서의 암울한 현실을 예상해 서독으로 피신했으므로 동독에는 목회자가 부족했다. 물론 가지 않겠다고 하면 되었으나, 그렇게 다들 떠나오면 누가 동독 주민들을 돌보겠느냐는 것이 카스너 목사의 생각이었다. 당시 그는 하나님께서 아프리카에 가라고 했어도 자신은 갔을 것이라고 했다.[12] 어머니가 당시 큰 딸 앙겔라의 출산이 임박한지라, 아버지가 먼저 동독으로 가고 그녀는 태어난 지 8주 만에 어머니의 유아 바구니에 실려 아버지가 사는 동독으로 가게 되었다.[13] 유모차를 살 형편도 아니었다고 한다.

크비조프(Quitzov)는 주민이 400명밖에 되지 않는 작은 마을이었으니, 아버지의 봉급도 적었기에 가족들은 고생을 많이 했다고 한다. 아버지는 염소 젖 짜는 법을 익혀야 했고, 어머니는 이웃의 나이든 부인에게서 쐐기풀로 스프 만드는 법을 배워야 했다. 여성에게도 일

자리를 제공하는 것을 원칙으로 하는 동독사회에서 앙겔라의 어머니는 목회자 부인인데다가, 반혁명적이고 부르조아적인 과목인 영어교사라는 이유로 그마저 혜택을 누리지 못했다.[14] 따라서 당시 동독 평균 임금인 월 655마르크(Mark)보다도 적은 600마르크 정도로 살아야 했다. 당연히 형편은 어려울 수밖에 없었고, 결국 서독의 친척들이 보내주는 일명 '서구소포(Westpakete)'에 많이 의존할 수밖에 없었다. 앙겔라가 어릴 적 입었던 옷들이 대부분 서독 제품이었던 것도 순전히 부족한 살림살이 때문이었다.

약 3년 후, 그녀가 어린 시절을 보낸 곳은 템플린(Templin)이란 곳이다. 젊지만 신학적 식견과 설교가 뛰어났던 아버지가 1957년부터 이곳 목회자 교육기관인 '설교 아카데미' 원장이 되어 사역을 시작했기 때문이다. 아버지 성(姓)인 '카스너'에서 그녀의 학생시절부터 청년기까지의 별명인 '카시(Kasi)'가 나왔다. 어린 앙겔라에게서 냉철하고 이성적인 아버지의 성향을 빼닮은 모습이 보였기 때문이었을 것이다. 한적한 시골 마을인 그곳에서 앙겔라는 어린 시절을 보냈다. 목사관 근처에 있던 상당히 큰 규모의 발트호프(Waldhof) 농장이 그녀가 방과 후 즐겨 찾았던 곳이다. 수많은 농작물이 재배되는 그곳에서 그녀는 자연을 배웠으며, 또한 교회가 운영하는 정신지체아 복지시설의 장애우들을 돌보기도 했다. 스테판 코르넬리우스(Stefan Kornelius)는 그녀의 유년 시절을 다음과 같이 묘사한다.[15]

> 앙겔라 카스너의 세계는 그리 넓지 않았다. 어머니, 아버지, 동생들, 발트호프 건물, 발트호프 안의 작업장 그리고 건물 앞 도로가

전부였다. 어린 앙겔라는 외출이 잦은 아버지를 건너편 상점에서 기다리곤 했다. "더 멀리 나갈 용기가 나지 않았죠." 앙겔라는 어린이집도 유치원도 다니지 않았다. 또한 시골길을 달리는 말을 무서워했다. 그것이 그녀의 첫 번째 유년 시절의 기억이다.

학교와 교회

동독의 학교는 단순히 지식과 인성을 가르치는 기관이 아니라, 국가로부터 사상 교육을 주입시키는 목적에 있어 오히려 더 적극적으로 활용되었던 곳이다. 앙겔라가 입학한 괴테슐레(Goethe-Schule)는 1학년 때부터 이미 '어린 개척단(the young pioneer)'의 가입을 권유했다. 앙겔라의 부모는 가입을 거부했다. 입학하자마자 탁월한 학교 성적으로 두각을 나타냈던 그녀가 학년을 마치고 당연히 그녀에게 돌아가야 할 '올해의 학생상'을 받지 못하게 되자, 먼저 학생들이 궁금해 했다. 이의를 제기하는 학교 동급생에게 담임교사는 냉정하게 그녀가 어린 개척단이 아니었기 때문이라고 설명한다.[16] 결국 부모도 어쩔 수가 없었다. 가입을 허락해야 했다. 그 이후 그녀는 그 상을 받게 되었다. 세월이 흐른 뒤 그녀를 가르쳤던 한 교사는 그녀의 학생 시절을 다음과 같이 기억한다.[17] "앙겔라는 차분하고 논리적이며 노력을 아끼지 않는 학생이었습니다. 그녀를 가르치는 건 선생으로서 정말 즐거운 일이었습니다."

앙겔라는 특히 러시아어와 수학을 잘했다. 학교의 유일한 외국어

과목인 러시아어는 수학과 함께 주당 수업이 제일 많은 과목이었다. 부모도 앙겔라가 러시아어를 배우도록 독려를 했는데, 우선은 사회주의 국가에서 러시아어를 잘한다는 것이 그녀와 가족들이 당의 방침을 잘 따르고 있다는 하나의 표시가 될 수 있기 때문이었으며, 또 러시아어를 배워두면 그녀가 후에 톨스토이나 도스도옙스키 같은 사회 비판적인 글들을 접할 수 있을 것으로 기대했기 때문이었다. 메르켈 자신도 러시아어에 대한 향수가 깊었다.[18] "러시아어는 감성이 가득한 아름다운 언어입니다. 음악 같기도 하고, 우울함이 배어있기도 하죠." 상급 학년으로 올라가며, 그녀는 러시아어 올림피아드에서 동독 최고의 학생으로 뽑혀 모스코바 여행 티켓을 부상으로 받게 된다. 그녀에게 러시아어를 가르쳤던 선생님은 그녀가 지치지 않고 열심히 공부했으며 이미 어릴 때부터 성인이 되어 헌신적이고 포기할 줄 모르는 정치인이 될 소질을 보였다고 기억한다.[19]

공부 잘하고 적극적이었던 그녀는 심지어 남학생들조차 그녀를 좋아하게 만들었다. 조직적인 사고력을 발휘해 늘 파티 준비를 멋지게 잘 해냈다. 그런데 정말 중요한 점은 자신보다 공부에서 뒤처지는 학생들을 기꺼이 도왔다는 점이라며, 매슈 크보트럽은 다음과 같이 한 동급생의 말을 전한다.[20] "그녀는 언제나 도움을 줄 준비가 되어있는 친구였어요. 만약 문제가 생기면 언제나 앙겔라에게 달려갔지요. 다소 처지는 친구들이 있으면 앙겔라는 윽박지르지 않고 설명을 잘 해주었어요." 여느 십대 소녀처럼 그녀도 친구들과 웃고 떠들며 목소리 흉내내기를 좋아했다. 외모나 연애에는 전혀 관심이 없는 대신, 똑똑하고 끈질기며 맹렬한 동기부여로 공부를 잘하는 학생이었다는 것이 당시 학교 선생님들의 공통된 평가였다.[21]

하지만 어릴 적 그녀에겐 불편했던 상황도 많이 있었다. 그녀는 당시를 떠올리며 "저는 매우 눈에 띄는 존재였습니다. 동독 사회주의 체제와는 전혀 어울리지 않는 목사의 딸이었으니까요. 그래서 늘 이방인 취급을 받았습니다."라고 고백한다.[22] 이 문제로 늘 고민이 많았던 어머니는 학교 당국이 혹시 목사의 자녀라는 이유로 자녀들을 괴롭히거나 학교를 다니지 못하게 할 수도 있다고 생각하여, 쫓겨나지 않으려면 열심히 공부해야 한다고 자녀들에게 강조했다.[23] 실제로 그들이 동독으로 넘어오기 전인 1953년까지 동독 정부는 이미 약 3천 명의 학생들을 기독교 청년단체 회원이라는 이유 하나로 학교에서 퇴학시켰다.[24]

그래서 어머니는 자녀들이 학교에서 돌아오면 매일 자녀들로부터 그 날 학교에서 있었던 모든 상황을 들었다.[25] 사실 앙겔라에겐 약 2시간이 소요되는 엄마와의 대화 시간이 무척이나 소중하고 요긴했다. 어머니의 원래 직업이 교사이기도 했지만, 일을 해야 하는 다른 어머니들과 달리 모녀간의 친밀함을 나눌 수 있는 기회였다. 그런데 그 뿐 아니라, 어머니 입장에서는 학교에서 딸에게 주입된 세뇌교육을 희석시킬 수 있는 좋은 기회이기도 했다. 사실 동독 교회의 목회자로서 서독 출신이었고 또 상당한 학문적 영향력을 가지고 있던 카스너 목사였기에 그와 그 가족들은 비밀경찰 슈타지(Stasi)의 엄중한 감시 하에 있었다.[26] 그래서 민감한 이야기를 나눌 때는 숲속 산책길을 찾았다고 한다. 끊임없는 감시와 검열에 대해 신경을 써야했던 당시를 떠올리며 "그 시절엔 어느 것 하나 마음 편히 쉽게 되는 일이 없었어요"라고 회상한다.[27] 그런 의미로 보면 그녀는 아버지의 성에서 유래한 '카시'라는 자신의 별명에 대하여 결코 달가워하지 않았을 것이라는 생각이 든다. 그리고 그녀가 결혼하고 이혼한 이후에도 계속해서 자신의 이름을 굳이 전 남편 성인 메르켈(Merkel)로 사용하는 것도 어쩌면 동독에서의 아버지 성인 카스너를 숨기고 싶었기 때문일 수 있다. 그리고 이 때부터 메르켈은 자신의 신앙을 공적인 영역에서 표출하지 않고 살아가는 지혜를 습득했을 것이라고 레징은 설명한다.[28]

그럼에도 그녀는 총리가 된 후 그 당시를 떠올리며 의외로, "동독에서의 삶은 때때로 특정 방식으로 거의 편안했다"고 했다. 왜냐하면 "스스로 바꿀 수 있는 것들이 없었기 때문"이라고 말이다.[29] 제한된 현실 앞에서 앙겔라 가족은, 포기할 것은 포기하고라도 최선이 무엇인지 고심해야 하는 문제들에 늘 직면했다. 그런 그녀의 어린 시절, 그녀에게 절대적인 영향을 끼친 또 하나의 공간은 교회였다. 목회자의 딸이어서가 아니라도, 어린 시절 앙겔라의 삶의 중심은 늘 교회였다. 템플린에 있는 성 마리아-막달레나(St. Maria-Magdalena)교회가 그곳이다. 앙겔라 자신도 당시 교회 생활의 의미에 대하여 높이 평가했다.[30]

"저의 아버지가 목사님이었기 때문에 저는 자연스럽게 교회의 품에서 성장했습니다. 따라서 진지한 성찰 없이 자연스럽게 기독교인이 되었다고 볼 수도 있습니다. 그럼에도 불구하고, 제가 성장했던 교회는 단순한 삶의 공간이 아니었습니다. 교회는 기독교 신앙이 저의 삶에 모든 것이 되도록 만들었습니다."

그녀는 그곳에서 어린 동생들과 함께 성가대원으로 봉사했다. 그녀는 당시 어린이 성가대에서의 추억을 무척이나 그리워했다.[31] 지금도 식사준비를 하거나 설거지를 할 때는 찬양을 부르면서 즐거워한다며, 특히 다른 사람들과 함께 찬양을 부를 때면 형언할 수 없는 기쁨의 충만을 느낀다고 고백한다.[32]

"저는 신앙의 진리를 명료하게 요약한 찬양을 열심히 부릅니다. 새로운 찬양이 들리면, 즉시 그 세계에 몰입합니다. 저는 찬양의 목마름을 간절하게 느끼고 있어요. 찬양을 통하여, 잔잔한 신앙의 향기를 흡입합니다."

또한 그들은 교회 주일학교에서 성경 공부를 확실하게 배웠다. 왜냐하면 성경공부가 당시 사회주의 체제에서의 획일적인 이념교육을 극복할 수 있는 방어막이라고 생각했기 때문에, 목사님들은 지속적으로 문제를 제기하며 논리적 사고 훈련을 시켰다고 했다.[33] 어릴 적 그녀의 동갑내기 친구였던 유스투스(Justus Schwer)에 의하면 "우리는 하나님의 말씀을 엄마의 젖처럼 항상 먹었습니다"라고 회고할 정도였다.[34] 그의 아버지도 앙겔라의 아버지처럼 선교적 사명을 가지고 서독에서 동독으로 넘어 온 목회자였다. 그렇게 보면 어린 시절 앙겔라는 가정과 교회에서 객관적인 논리교육을 받은 셈이다. 그들의 성경 공부 교재였던『신앙의 방패, Schild des Glaubens』서문에는 다음과 같은 글이 적혀있다.[35]

유년시절 당신의 마음 속에 새겨진 하나님의 말씀은 영원히 사라지지 않을 것이며, 당신의 영혼에 생명을 불어 넣어주는 능력이 될 것입니다. 따라서 당신이 지금 하나님의 말씀을 배우지 않는다면, 앞으로의 삶은 매우 공허함으로 가득 차게 될 것입니다.

앙겔라가 14세 때, 당시 동독 정부의 따가운 시선에도 불구하고 강행했던 견진예식(Konfirmation, 개신교의 입교의식에 해당)에서의 감동을 다음과 같이 서술했다.[36]

"믿음, 소망, 사랑 가운데 제일은 사랑이라. 저는 모든 사람들이 서로 도와주며 사랑하며 살기를 원해요. 결코 누군가를 혐오하거나 악한 짓을 하지 말고, 선한 것을 추구하기를 바라고요. 이것이 저의 가장 중요한 삶의 원칙입니다."

그리고 그 신앙은 독일 최초의 여성 총리가 된 후에도 변하지 않는 삶의 원칙이었다. 그녀는 어디서나 당당하게 밝힌다.[37]

"저는 개신교회의 성도입니다. 저는 하나님을 믿으며 종교는 저의 영원한 동반자이자 제 인생 전체였지요. 우리는 신앙인으로서 우리의 신앙을 지켜내기에 두려워해서는 안됩니다."

1990년 그녀를 정부대변인으로 발탁했던 동독의 마지막 총리인 로타 드 메지에르(Lothar de Maizière)는 메르켈에 대하여 그녀는 어떤 문제가 발생했을 때 항상 원인을 정확하게 분석할 수 있는 논리적 사고능력을 지니고 있었다고 평가했다. 뿐만 아니라 그는 메르켈의 사고 스타일이 매우 프로테스탄트적이라고 칭찬했다. 즉 인간의 존엄성과 자유를 존중하면서도 철저한 사회적 책임 의식을 지니고 있는 사람이라고 했다.[38] 상대방을 얼어붙게 만들 정도의 날카로운 분석력과 논리력 그리고 기독교적 가치관은 분명 어릴 적부터 부모와 교회에서 훈련받은 것이 틀림없다.

아버지와 딸의 차이

그녀는 발트호프(Waldhof) 농장의 한 정원사 아저씨와 매우 가까이 지냈다. 아마도 엄격하신 아버지에게서 찾지 못한 모습을 그 분에게서 느꼈는지 모른다. 교구 성도들에게는 친절하기만 한 분이 자녀들에게는 엄하게 하는 목회자들이 종종 있다. 이렇게 교회와 가정에서의 전혀 다른 모습 때문에 목회자 자녀들이 사춘기에 많은 혼란을 겪는다. 게다가 워낙 꼼꼼하고 철저한 아버지에게서 메르켈은 마음의 상처 또한 분명 있었을 것이다. 그러나 아버지 카스너 목사는 그녀에게 삶의 모델이었다. 그녀는 아버지의 존재를 워낙 크게 느꼈던지라, 어릴 적 그녀의 관심 중에 하나는 아버지에게 인정받는 일이었다. 그녀는 아버지에게서 엄격한 신앙교육을 받으며 성숙한 기독교인으로 성장했고, 아버지의 비판적인 사회의식 또한 그녀에게 큰 영향을 주었다.

"카스너 목사는 정말 대단했어요. 그가 말하면 귀 기울이게 됩니다. 그의 말에는 권위가 있었어요." 이런 평가를 동료들로부터 받았던 카스너 목사는[39], 동독 사회주의 체제에 대해 어느 정도 인정은 하면서도 궁극적으로는 부정적이었다고 레징은 지적한다.[40] 카스너는 동독에서 목회자로 활동하기 위해 반드시 사회주의자가 되어야 한다고는 생각하지 않았다. 그렇지만 그는 '사회주의 체제 안에서의 교회의 정체성'이라는 주제로 반체제 신학자 및 목회자 그룹을 비판한 적이 있었기에 '붉은 사회주의자 카스너(der rote kasner)'라는 별명을 얻게 되었다.[41]

실제로 카스너 목사는 1958년에 동독 체제와 협력하려는 신학자와 목회자들의 모임인 '봐이쎈호수 워크숍(Weissenseer Arbeitskreis)'에 참여한다. 크보트럽은 레닌의 말을 빌려, 그들을 '쓸모있는 바보들'이라고 표현했다.[42] 교회를 구할 목적이긴 했지만 순진하게도 공산당이 자기들 편이라고 믿었으니 말이다. 아무튼 카스너는 집이나 발트호프에서 동료들과 대화를 나눌 때는 굉장히 비판적이었지만, 공식적으로는 사회주의 체제의 교회를 선전하는 일에 열성을 보여 슈타지에서도 그에 대하여 '위협적이지 않은 순응주의자'로 분류했다.[43]

동독 내에서 교회의 생존 문제를 우선시했던 아버지의 이중적 태도에 그녀는 다소 당황스러웠다고 후에 고백했다. 토론과 배움이 깊어지며 앙겔라는 사회주의 체제가 더 이상 제대로 기능을 발휘할 수 없다는 결론에 도달했지만, 아버지는 수정을 통해서 동독을 구해낼 수 있다고 믿었다는 것이다.[44] 통일이 될 때까지도 카스너 목사는 기독교적 사회주의가 동독 내에서 가능할 수 있다고 굳게 믿었으니, 바로 그것이 딸 앙겔라가 아버지에게서 느꼈을 한계라고 해야 할 것이다.

그럼에도 불구하고, 엄격한 신앙교육과 더불어 논리적으로 사유하는 법을 훈련해야 사회주의 체제의 획일적 이념교육의 해악으로부터 자녀들을 보호할 수 있다고 생각했던 아버지의 교육법이 그녀에게 큰 영향을 주웠다.[45] 앙겔라는 또한 아버지에게서 무엇을 하든 언제나 꼼꼼하고 정확하게 해야 한다고 배웠다.[46] 집에서도 그녀는 아버지와 신학적 · 정치적 주제들에 대하여 많은 토론을 했다. 그리고 어머니는 늘 이 열띤 토론의 중재자였다고 한다. 사실 그녀는 물리학을 좋아하진 않았지만, 사회주의 안에서 자연과학 분야는 정신적 자유를 누릴 수 있는 틈새 공간이라고 생각했기 때문에 아버지는 그녀에게 자연과학 전공을 권유했다.[47] 코르넬리우스가 묘사한 대목을 통해 당시 앙겔라 가족의 분위기를 유추할 수 있다.[48]

앙겔라가 정치적이고 열린 가정에서 성장한 것만은 분명한 사실이다. 카스너 목사와 그의 아내는 구 동독의 편협한 체제 속에서 정신적 개방성을 잃지 않았고 딸 앙겔라도 그 혜택을 받았다. 세계에 대한 관심이 일찍부터 깨어났고 부모는 그 점을 격려하였다. 목사관이 체제의 규제로부터 앙겔라를 보호하는 역할을 했다. 앙겔라 메르켈은 나중에 사진작가 헬를린데 쾰블(Herlinde Koelbl)과의 인터뷰에서, 자신이 '그늘 없는' 어린 시절을 보낼 수 있었던 이유는 어린아이가 마음껏 활개를 펼 수 있는 편안한 환경을 발트호프가 제공했기 때문이라고 설명했다. 그녀는 그곳에서 일하며 '평화롭게 살아가는' 사람들에게 늘 감동을 받았다고 한다. 가령 정원사들은 일찍부터 앙겔라의 대화 상대이자 친구였고 바쁜 아버지 이외에 그녀에게 자신감과 느긋함을 가르쳐 준 좋은 벗이었다. 어린 시절에 대한 기억은 모두 보호와 안정의 분위기와 연관되어 있다. 2011년에 사망한 아버지는 생전에 했던 몇 안 되는 인터뷰에서 이렇게 말했다. "동독만으로도 이미 압박은 충분했어요. 집에서만큼은 아이들에게 자유를 주고 싶었죠."

그런데 카스너 목사는 동독에 온 것을 후회하지 않았을까? 동료 신학자 루디 팡케(Rudi Pahnke)는 그가 후회했다고 전한다.[49]

"술 한 잔 하고 나면, 카스너는 자신이 어떻게 해서 자유의지로 서독을 떠나왔으며 얼마나 열심히 일했는지 말했습니다. 그럼에도 모든 노력이 허사로 돌아가 본인 생전에 교회가 감소되어 결국 대부분의 교구에는 목사가 없게 될 거라고 안타까워했지요."

카스너 목사는 통일이 된 후에도 템플린(Templin)에 그대로 남아 앞뜰에 작은 교회 건물을 짓고, 고요한 곳에서 기도하기 위해 찾아오는 사람들에게 교리문답을 통해 핵심적인 기독교 진리를 전하고자 하는 열정이 식지 않았다고 한다. 어린 앙겔라에게 했던 그대로 말이다. 그는 2011년에 하나님 나라로 돌아갔다.

Snapshot #1

까마귀 엄마와 단체 변기 시간

까마귀 엄마(라벤무터 Rabenmutter), 이 단어가 서독 출신의 동독박물관(DDR-Museum) 홍보 담당자인 멜라니(Melanie Saverimuthu)에겐 불쾌감을 준다. 독일에선 까마귀는 새끼를 둥지에 버려두고 신경쓰지 않는다는 속설이 있다. 그래서 '까마귀 엄마'라는 속어에는 직장 여성들이 아이를 내팽개친다는 못마땅한 시선이 담겨 있다. 영어로는 더 직설적이어서 '나쁜 엄마'로 번역된다. 멜라니는 "서독은 동독과 달리 출산 장려를 위해 '집에 있는 어머니'를 이상적인 어머니상으로 여겼다"고 말했다. 여성의 경제활동을 곱지 않게 보는 시선이 지배적이었고 그 점은 서독 출신 여성의 경제활동 참가율이 유럽 내에서 가장 낮은 데서도 엿보인다. 베를린 자유대학의 안셈 라파엘 후벤파워(28)는 "까마귀 엄마는 직장 여성들에 한정되기보다 아이들을 돌보지 않고 내팽개치는 엄마를 의미해요. 까마귀를 좋지 않게 생각하기 때문에 그런 별명이 붙은 거죠"라며 확대해석을 경계했지만 '서독'에선 여성과 직장이 병행하기는 쉽지 않음을 보여준다.

2차 대전 직후 동·서독은 모두 인구 늘리기에 애를 썼다. 그러나 정책 방향은 달랐다. 서독은 '집에 있는 어머니상'을 통해 가정 양육에 초점을 두었다. 그러나 동독은 탁아소, 보육원 등의 시설을 늘려 여성 출산을 장려하고 육아는 정부에서 책임지는 방식으로 나갔다. 통계로 보면 동독 여성의 첫 자녀 출산 평균연령이 1955년 22.8세, 1960년에 22.2세, 1970년에 21.9세로 시간이 지남에 따라 점차 낮아지는데 이는 동독 정부의 육아 지원 상황을 반영한다.

서독에서는 거꾸로 양육시설 건립을 사회주의적 정책으로 낙인 찍었다. 1990년 통일 과정에서 내무부 국장으로 통일 조약 작성의 실무 책임을 맡았던 크라우스-디터 쉬납아우프(Klaus-Dieter Schnappauf, 현 한독통일자문위원회 위원) 박사는 "동독이 육아환경을 좋게 만든 목적은 여성의 근로환경 향상을 목표로 한 게 아니라, 어린 아이를 조기에 이념 교육하려는 것이었다"고 비판했다. 실제로 동독의 보육원에는 '단체 변기 시간(Collective Potty Break)'이란 것이 있었는데 서독은 이것도 문제 삼았다. 원아들이 배변 훈련의 일환으로 긴 변기에 모두 함께 앉아 용변을 봤는데, 마지막 한 아이까지 볼 일을 다 마쳐야 일어날 수 있게 한 게 문제란 것이다. 냉전시대 서독이 보기에 동독 보육원은 사회주의 교육을 위해 모든 것이 틀에 맞춰진 공간이었다.

– 이정현 · 조경채(아산정책연구원),
"아직도 진행 중인 통일 희생양 동독 여성의 고통",
〈한–독 청년통일마당 취재 기사 시리즈 2〉,
2014년 10월 8일.

제2장

암울한 동독

우리가 소련에게서 배우는 것은 승리의 길이다!

– 동독 SED 선전문구

제2차 세계대전이 막바지에 이르러 독일의 패전을 예감했던 독일인들 사이에서는 소련군보다 연합군이 베를린에 먼저 진입해 주기를 내심 바라고 있었다. 소련군의 무자비함을 익히 알고 있던 그들은 그나마 연합군에게 당하는 것이 훨씬 더 낫다는 계산이었다. 그래서 독일군 야전 지휘부의 한 장군은 부하들에게 "우리에게 주어진 가장 중요한 임무는 서쪽 세력이 들어오는 건 허용해도 동쪽 세력이 들어오는 것은 결단코 막아내는 것이야"라며 조급해 했다고 한다.[50] 또 어떤 사병은 당시 독일군 병사들 사이에 만연해 있던 붉은 군대에 대한 두려움을 회고했다.[51]

대체 그 연합군 멍청이들이 아른헴(Arnhem)을 돌파하지 못한 이유가 뭘까 하고 정말 궁금했습니다. 결과가 어떻게 되든 우리는 전쟁이 곧 끝날 것이라는 것을 알았습니다. 그해 가을 이후로는 서부전선에서 승리했다는 소식도 달갑게 들리지 않았습니다. 우리는 러시아군을 어떻게든 막고 싶었을 뿐입니다.

소련군의 진군 속도가 그만큼 빨랐다. 연합군이 승리하는 속도보다 독일군이 패배하는 속도가 더 빨랐다는 말이 나올 정도였다.[52] 이후 소련군은 독일 땅에 들어와 자신들의 명성만큼이나 확실한 무자비함을 보였으며, 가능한 모든 수단을 동원하여 자신들이 치른 대가 이상을 뽑아내려 했다.[53] 그리고 그것은 동독을 포함한 동구권 영역에서뿐만 아니라, 극동아시아에 위치한 북한에게까지도 그들의 악랄한 수탈이 자행되었음은 익히 알려진 사실이다.[54]

2차 대전이 막을 내릴 즈음, 얄타(45년 2월)와 포츠담(45년 7월)에서 보인 스탈린의 속셈은 크게 세 가지로 압축된다. 전쟁 배상금을 확실하게 챙겨야 되겠다는 것, 서방 세계를 견제하기 위한 방어적 완충지대로 동구권 국가들을 자신의 위성 국가로 만들어야겠다는 것, 그리고 전 세계에 소련의 공산주의 혁명을 확대해 나가는 것이다. 그렇게 그는 전시 체제가 남긴 막강한 군대의 힘을 동원해 자신의 목적을 확실하게 달성해 나갔다. 종전 후, 그들은 자신들이 점령한 동독에서 서방 3개 연합군 국가들의 최소 10배가 넘는 660억불의 전쟁 배상금을 받아냈다. 받아 냈다기보다는 빼앗아 갔다는 표현이 더 적절했을 것이다. 그 덕분에 그때까지 소유한 땅덩어리에 비해 늘 식량 부족에 허덕이던 나라를 일약 강대국 반열에 올려놓았다는 것은 순전히 2차 대전의 스탈린 덕분이다. 동독의 경우, 철도의 한쪽 궤도 대부분을 소련에 넘겨야 했으며, 동독 내의 최소 1,000여개 공장시설을 분해해서 소련으로 실어 보내야 했다. 그뿐 아니라 남아있던 200여개 공장들을 '소련주식회사'로 만들어 생산품들을 소련으로 공수했다.[55] 동독 주민들의 생활수준이 급격히 떨어진 것은 말할 것도 없다. 서독에 진주한 연합군 국가들이 미국을 중심으로 마샬 플랜을 통해 서독의 경제 개발에 결정적인 도움을 주었던 것과는 정반대의 움직임이었다.[56] 역사가 폴 존슨(Paul Johnson)의 지적대로 "소련이야말로 추축국(樞軸國 연합군에 대항한 나라들)이 전쟁을 일으키도록 도운 나라이면서, 동시에 전쟁의 유일한 수혜자"가 되었던 것이다.[57]

스탈린은 서방 세계의 가치와 관련을 맺고 있는 모든 사상과 개념을 거부하였으며, 중국의 모택동이 벌인 문화혁명과 똑같은 사상 탄압을 무자비하게 실행해 나갔다. 처칠의 예견대로 그는 히틀러 못지않았다. 그 이유에 대하여 폴 존슨은 다음과 같이 설명한다.[58]

> 스탈린은 히틀러가 유대인을 증오한 것처럼 '세계주의'라는 똑같은 용어를 사용하는 '서방파'를 증오했다. 이로써 그가 1945-46년 왜 그토록 철저한 악의와 원한에 싸여 비소비에트적 사상과 접촉한 사람을 죽이거나 강제 수용소에 격리시켰는지 이해할 수 있을 것이다. 전쟁 포로뿐만 아니라 전시에 외국에서 일했던 관리, 기술자, 언론인, 당원들도 처단 대상이었다. … 그가 전개한 사상운동은 소련 국민의 생활 면면에 침투하여, 정치적 무관심을 타파하고, 공포심으로 사람들의 적극적인 헌신을 이끌어내는 것이었다. 온갖 부류의 지식인을 대상으로 했다. 마녀사냥은 1946년 8월 14

일 레닌그라드에서 시작됐다. … 수천 명의 지식인이 일자리를 잃었다. 그 외 수천 명이 강제수용소에 끌려갔다. 그들의 자리는 훨씬 고분고분한 사람, 괴짜, 사기꾼이 대신 채워졌다.

신학을 공부한 스탈린은 자신의 우상화 작업에도 신경썼다. 1950년 '진실'이라는 뜻의 당기관지 프라우다(Pravda)에 다음과 같은 글이 올라왔다.[59] "당신이 하고 있는 일에서 어려움에 맞닥뜨리거나, 갑자기 능력에 회의를 느낄 때는 그(스탈린)를 생각하라. 그러면 자신감을 얻을 것이다..., 올바른 결론을 내리려거든 그를 생각하라. 그러면 바른 길을 찾게 될 것이다." 나중에 그는 예수님의 탄생일이 아니라 자신의 생일을 기준으로 새로운 달력을 만들려고까지 했다고 한다.[60] 북한에서 김씨 일가의 우상화 작업이 그냥 나온 것이 아니다.

소련에서 훈련시킨 친소 사회주의자들을 동독의 지배 계층에 포진시켜 자신들의 위성 국가로서의 역할과 책임을 다하도록 확실하게 관리했다. 1946년 출범한 '독일사회주의통합당(SED)'은 완전히 스탈린식 조직이었다.[61] 독일 내 자신의 공산당 기반이 거의 없었던 모스크바 국제레닌학교 출신의 발터 울브리히트(Walter Ulbricht, 1893-1973)를 동독 볼세비키 혁명의 앞잡이로 내정한 것도 숨은 속셈 때문이다. 스탈린의 지시대로만 잘 따르도록 하기 위함이었다. 그리고 그것은 북한에서 당시 국내에 전혀 알려지지 않았던 소련군 정보장교 출신의 김일성을 앞세웠던 것과 같은 맥락이었다. 그렇게 1948년부터 시작된 동독의 사회주의 체제는 통독의 시점까지 40년 동안 이어졌으며, 통독 당시 동독에는 약 40만 명의 소련군이 주둔해 있었다.[62] '소련에게서 배우는 것이 곧 승리의 길이다(Von der Soviet Union lehrnen, heisst Sieg lehrnen)' 라고 할 정도로 스스로 알아서 고개를 숙였으니, 결국 바르샤바 조약에 속한 다른 동구권 국가들처럼 동독도 소련과 공동 운명체의 길을 걸었던 것이다. 동독이 그 정권의 시작에서부터 소련의 영향력이 얼마나 컸는지를 콘라드-아데나워-재단(Konrad-Adenauer-Stiftung)의 한 보고서는 다음과 같이 설명한다.[63]

> 2차 세계대전이 끝나가던 즈음, 분단된 독일에서는 특이한 현상이 나타났다. 과거 마르크스가 예견했던 무산계급(프롤레타리아)에 의한 혁명이 아닌, 적군파(Rote Armee)의 총검에 의해 '프롤레타리아 독재'가 탄생했던 것이다. 동독은 오늘날 많은 사람들이 생각하는 것처럼 독일 공산주의자들이 세운 국가가 아니다. 히틀러의 박해를 극복하고 소비에트에서 망명 시절을 보내며 스탈린의 인종 청소를 견뎌내면서 살아남은 사람들에 의해 세워진 국가였다. 볼프 비어만(Wolf Biermann)은 늘 스탈린의 하수인에 의해 죽임을 당한 독일공산당(Kommunistischen Partei Deutschlands: KPD) 인사들의 수가 히틀러에 의해 죽임을 당한 독일공산당의 수보다 훨씬 많았다는 점을 강조했다.

소련에서 파견된 울브리히트는 자신의 통제에 따르지 않는 수많은 동료 공산주의자들을 숙청시켜 버렸다. 그는 레닌의 말대로 "진정한 혁명가 조직은 불필요한 조직원들을 제거하기 위해 결코 물러서는 법이 없다"는 강령을 철저하게 준수했던 것이다.[64]

그들은 나찌가 사용하던 강제수용소를 다시 오픈하여 반대파들을 가두었던 것이다. 그뿐 아니라, 그들은 곧 많은 비밀 요원을 거느리는 정보국을 창설하여 주민 감시에 나섰으며, 조그마한 비판이나 비난도 반역죄로 간주하고 숙청하거나 잡아 넣었다. 또한 나라 전체를 14개의 새로운 지역으로 재편하여 남아 있던 지방색을 없애 버림으로써 정부의 중앙집권 체제를 강화했다. 이들은 또한 20헥타르(50에이커) 이상의 토지를 소유하고 있는 농장주 혹은 부농 부르조아를 상대로 계급 투쟁을 시작하여, 그들을 '나찌 행동대원' 또는 '미국 스파이'로 몰아 재산을 몰수하거나 강제수용소로 보내 버렸다. 자살하는 사람도 부지기수였다.[65]

아울러 동독 정부는 독일 역사에서 뛰어난 것들은 모두 동독이 대표하고 있다고 주장했다. 동독의 역사가들은 종교개혁자 마르틴 루터(Martin Luther)와 프로이센 자랑인 프리드리히 대제(the great Friedrich) 등에 대한 기존의 시각을 수정하여 동독의 선구자로 왜곡하도록 강요받았다.[66] 그렇게 히틀러와 나찌 정부를 모두 자본주의의 산물로 만드는 데 있어 그들은 전혀 어려움이 없었다고 마틴 키친(martin Kitchen)은 설명한다.[67]

> 따라서 제국주의와 군국주의적인 전통은 서독이 물려받았고, 동독은 나찌의 반파시스트 이념만 고스란히 간직하고 있다고 강조했다. 그러면서 1939년과 1941년 사이에 공산주의자들은 나찌와 매우 친밀한 관계를 맺고 있었다는 사실에 대해서는 한마디도 언급하지 않았다.

그 당시만 해도 동독의 주민들은 본인이 원하기만 하면 서독으로 이주할 수 있었다. 실제로 1949년부터 1955년 사이에 약 50만 명의 동독 주민들이 서독으로 갔다. 그리고 그 수는 점점 늘어 1960년 한 해에만 20만 명으로 늘었다. 게다가 그들 중 상당수가 젊은이들로 기술자 등 전문직 종사자들이었다.[68] 그 다음 해인 1961년 상반기가 되자 탈주자들이 더욱 늘었고, 스탈린을 이은 니키타 흐루쇼프(Nikita Sergeevich Khrushchyov)의 닦달을 들어야 했던 동독 정부로서는 결국 '파시즘을 막아주는 벽'을 세우기로 했다. 서독에선 '수치의 벽'이라고 불렀던 베를린 장벽(die Mauer)이 8월 13일부터 세워진 것이다.[69] 폴 존슨은 만약 미국 대통령이 존 F. 케네디가 아니라 트루먼이나 아이젠하워였다면, 베를린 장벽을 부숴버렸을 것이라고 지적했다.[70]

케네디는 마음이 약해 그것이 불법인 줄 알면서도 방치했다는 것이다. 그는 "지옥 같은 전쟁보다는 그래도 장벽이 낫다고 본 것(A Hell of a Lot Better Than a War)"이다.[71] 아데나워로서도 할 수 있는 일이 아무것도 없었다. 연합군 4개국이 관리하는 베를린에 대해서는 아무런 권한이 없었기 때문이다. 그로서는 슬픔 속에서 지켜볼 수밖에 없었다고 존슨은 설명한다.

물론 그런 소련 중심의 독재적 정부 운영에 대한 반대가 없었던 것은 아니다. 특히 울브리히트가 노동자들의 생산량을 증대해야 한다는 법령을 반포했을 때였다. 황당하지만 참고 있던 노동자들이 들고 일어났다. 1953년 6월 12일부터 16일까지 동베를린과 라이프찌히에서 시작된 봉기는 급속하게 동독의 모든 주요 도시들로 퍼져 나갔다. 그러나 장갑차를 앞세운 소련군과 동독의 무장 경찰 앞에서 비무장 시위대는 무참하게 짓밟혔다. 전후 미국에서의 망명생활을 끝내고 동독으로 귀향했던 극작가 베르톨트 브레히트(Bertolt Brecht, 1898-1956)는 시(詩) 〈해결방법, Die Lösung〉에서 당시 상황을 반어법으로 묘사했다.[72]

6월 17일 봉기 이후
작가연맹 총재는 스탈린가에서
전단지를 배포했다.
국민들이 정부에 대한 신뢰를 잃었으니
두 배의 노력을 통해서만 되찾을 수 있다고
씌어 있었다. 그렇다면 차라리
정부가 국민을 모두 해산해 버리고
다시 뽑는 편이 쉽지 않을까?

이번 사태는 서구 파시스트들의 선전선동 때문이라고 대대적인 비난을 퍼부은 동독 정부는 대책을 마련해야 했다. 이제 소련의 정치공작과 주민 감시기술은 소련의 수준보다 동독에 와서 더 확실하고 집요하게 진행되었다. 탈출을 막는 장벽과 철조망 그리고 감시를 위한 도청과 카메라가 주민들의 일거수일투족을 억압하기 시작했다. 단 한 곳 그나마 동독의 공권력이 노골적으로 침투하지 못했던 예외가 있었으니, 바로 교회였다. 통일이 되기까지 동독의 교회는 암담했던 주민들에게 최소한의 피난처 역할을 제공해 주었다.

Snapshot #2

전후 유럽 : 끝이 보이지 않는 비극

1946년 1월 26일, 영국이 주간지 '이코노미스트'는 유럽의 상황을 "비극의 끝이 보이지 않는다. 농부는 그런대로 배를 채우고 부자들은 암시장을 이용할 경제적 여력이 있지만 유럽에 가난한 사람들, 즉 4억에 달하는 유럽 대륙 인구 중 거의 4분의 1이 올 겨울 굶주림에 허덕이고, 일부는 겨울을 넘기지 못할 것이 확실하다." 라고 보도했다.

특별히 문제가 된 지역은 바르샤바와 부다페스트로, 두 곳에서만 수만 명이 굶주릴 것으로 예상됐다. 네덜란드의 한스 네스나 기자는 1946년 봄 낡은 T형 포드를 타고 독일 전역을 일주했다. 함부르크를 둘러 볼 때 그는 전쟁 전 부자 동네였던 곳에서 그만 방향을 잃고 말았다. 동네 전체가 완전히 평평하게 변해 먼지만 풀썩였고, 살아서 움직이는 것은 아무것도 눈에 뛰지 않았기 때문이다.

'대부분의 도로가 흔적조차 없이 사라져 어디가 어딘지 구분할 수 없었다. 어디로 가든 돌 부스러기만 잔뜩 쌓여 있었고, 죽음과 같은 침묵 밖에 없었다.'

스웨덴 기자 스티그 다예르만은 6개월 후 독일을 둘러보았다. 함부르크의 지하철에서 누더기를 걸친 사람들을 목격한 다예르만은 '그들의 얼굴은 백묵, 아니 신문지처럼 하얗다. 부끄러워도 붉어질 수 없는 얼굴, 상처가 나도 피가 나지 않을 것 같은 얼굴이었다' 라고 전했다. 그 시기에 폴란드와 체코슬로바키아에서는 인종 청소가 자행되고 있었다. 그보다 정도는 덜했지만 헝가리와 루마니아, 유고슬라비아에서도 마찬가지였다. 거의 1,200만 명의 독일인이 추방당했다. 따라서 인류 역사상 최대의 대탈출이 시작됐다. 그 과정에서 수십만 명의 강제 이주자가 사라졌다. 모두 독일로 돌아가던 길에 죽은 것으로 여겨진다. 그들이 독일에 들어오면서, 굶주리는 독일 인구가 갑자기 16%나 증가했다.

소련에서는 전쟁이 끝난 후 남자가 한 명도 돌아오지 못한 마을이 적지 않았다. 1922년생 남자 중 정확히 3%만이 전쟁에서 살아남았다. 시베리아에서 살아남은 사람은 때때로 마을을 돌아다니며 여자를 임신시키라는 요구까지 받아야 했다. 인구를 한 명이라도 늘리려는 고육책이었다. 러시아의 한 작가는 1952년 군대에 입대한 뒤에야 처음으로 굶주림에서 벗어날 수 있었다고 고백했다. 또 다른 작가는 1954년 말에야 마을 사람들의 식탁에 빵이 다시 올라오기 시작했다고 기록했다. 그 전까지 사람들은 도토리, 나무껍질, 풀, 달팽이로 연명해야 했다.

– Geert Mak, In Europa: Reizen door de twintigste eeuw
(Amsterdam: Uitgeverij Atlas, 2004);
강주헌 역, 『유럽사 산책-20세기 유럽을 걷다』 2권
(고양시: 도서출판 옥당, 2011), 351–352.

제3장

동독교회와 슈타지 (Stasi)

교회는 사회주의 속에서 본질적으로
사회주의와 일치하지 않는 유일한 기구이다.

– 동독 SED의 공식 문서

사회주의 속의 교회

동독 정부는 독일에서 전통적으로 실시해오던 학교에서의 종교 교육을 1950년대 말부터 전면 금지시켰다. 따라서 스스로 생각할 수 있는 청소년기 학생들로 하여금 자신의 신앙을 견고하게 세우는 '견진성례(Konfirmation)' 교육은 이제 교회에서만 가능하게 되었다.[73] 사회주의 사회에서 대중을 교회와 분리시키고 기독교적 색채를 털어내기 위한 '탈기독교화(Entchristianisierung)'가 작동되기 시작한 것이다.[74] 1953년을 전후하여 전국적으로 발생했던 사회주의 체제에 대한 저항 운동의 보복이었다고 할 수 있다. 정권의 표적은 개신교 내의 청년활동과 대학생 단체와 구제사업부(Diakonie) 그리고 가톨릭 사회복지부(Caritas)를 겨냥했으며, 모임과 조직에 소속된 많은 신자들이 반국가 사범으로

기소되거나 학교에서 쫓겨났다.[75]

이때 많은 사람들이 서독으로 도피했으며, 따라서 동독 내 기독단체들의 활동도 크게 위축되었다.[76] 아울러 동독 정부는 전통적인 의미의 종교세를 폐지시켰다.[77] 또 1961년 베를린 장벽 설치를 전후해서는 모든 공무원, 경찰, 군인들에게 교회 탈퇴와 당원(SED) 가입을 강요했다. 게다가 동독 정부는 신설교회의 설립은 교묘한 방법으로 방해하면서, 이제 개신교 교회를 국가 영향력 아래 있는 '체제 내 교회' 또는 정교회와 같이 '무력한 교회'로 만들기로 한 것이다.[78] 결국 1969년 정부의 압력으로 그 동안 한 지붕(독일개신교협의회, EKD, Evangelische Kirche in Deutschland) 아래에 소속되어 있던 동독 교회는 독립하여 자체의 기독교연맹(BEK, Bund der Evangelischen Kirche in DDR)을 만들 수밖에 없었으며, 그때부터 서독의 목회자들은 동독 입국을 제한받아야 했다.

성직자들이 부패했기 때문에 종교를 싫어했다는 스탈린과 달리, 레닌은 종교 자체를 증오했다. 그리고 그가 진정으로 두려워하고 박해했던 사람들은 '성인들(the saints)'들이었다고 영국의 역사가 폴 존슨(Paul Johnson)은 지적한다.[79] 레닌에게 "종교는 순수할수록 더욱 더 위험하다(The purer the religion, the more dangerous.)"는 것이다.[80] 이렇게 서로 양립할 수 없는 공산체제와 교회, 이런 나라들에서 얼마나 많은 종교인들이 수용소에 갇히고 또 살해되었겠는가? 하지만 마르틴 루터의 종교개혁 발상지인 비텐베르크(Wittenberg)를 품고 있는 동독의 주민들은 나름

개신교 전통에 대한 강한 자부심을 가지고 있었기에, 동독 정부조차 이런 신앙심을 쉽게 뿌리 뽑을 수는 없었다.[81] 물론 그런 것에는 카스너 목사와 같은 서독 출신으로 동독에 이주했던 목회자들이 서독 교회와 계속해서 밀접한 관계를 유지하고 있었기 때문이기도 했다. 아무튼 서독개신교협의회(EKD)와 동독개신교회연맹(BEK)은 '특수한 관계'를 고백하며 서로의 공동체성을 유지하려고 노력했다.[82] 동 · 서독 교회는 이후 40년 동안 같은 성서를 읽고 똑같은 찬송가를 불렀다. 복음 선포와 신앙의 실천, 교회생활이라는 여러 기독교적 문화 양식도 시종일관 똑같은 형태를 유지했으니 말이다.[83]

아울러 이런 동독 교회의 상황을 잘 파악하고 있었던 서독 교회는, 교회에 적대적인 사회주의 체제에서 동독 교회가 재정면에서라도 독립하도록 엄청난 금액을 지속적으로 지원했다.[84] 건축 비용, 건물 보수비용, 목회자의 월급 등은 거의 서독 교회에서 지원해주었다. 예를 들어 베를린-브란덴부르크(Berlin-Brandenburg) 총회 1년 예산의 40%는 성도들의 헌금으로, 다른 40%는 서독 교회의 지원었다고 권오성은 소개한다.[85] 그리고 남은 10~12%는 동독 정부가 제공한 것이었으나, 이 또한 사실은 서독 교회와 서독 정부가 보낸 것으로 자신들이 지원하는 형식인 양 전달한 것뿐이다.[86] 동독 정부가 교회의 존재를 마냥 무시할 수 없는 이유였으며, 이러한 서독 교회의 재정 지원은 통일이 되기까지 동독 교회를 유지시켜준 큰 버팀목이자 통일의 일등공신이라 아니할 수 없다.

그럼에도 동독 정부의 교회에 대한 탈기독교화 정책은 집요하게 진행되었다. 그들은 먼저 자라나는 세대를 공략했다. 1954년에는 학생들로 하여금 교회에서 주관하는 견진성례의 참석을 방해할 목적으로 사회주의 체제에서의 '성년식(유겐트바이에, Jugendweihe)'제도를 도입하였으며, 교회에서의 청년활동을 방해하기 위한 '자유청년동맹(FDJ, Freie Deutsche Jugend)'을 만들어 대대적으로 시행했다. 그리고 그것도 모자라, 1958년부터는 모든 젊은이들에게 구약의 십계명 형식을 따라 만든 '사회주의 윤리규범 10계명(Die zehn Gebote der sozialistischen Moral)'으로 '충성서약식'을 실시하도록 강요했다.[87]

1. 노동자 계급과 모든 기능공들의 국제적인 연대, 그리고 모든 사회주의 국가와의 지속적인 연대를 위해 항상 최선을 다해야 한다.

2. 조국을 사랑하고, 노동자와 농민들의 세력을 지키기 위해 항상 모든 힘과 능력을 발휘할 준비가 되어 있어야 한다.

3. 인간의 인간에 대한 착취 근절을 도와야 한다.

4. 사회주의 완성을 위해 유익한 일을 해야 한다. 왜냐하면 사회주의는 모든 노동자들에게 좀 더 나은 삶을 가져다 주기 때문이다.

5. 상호 우호적인 협력의 정신으로 사회주의를 건설해 나가면서 집단을 존중하고 비판에 귀를 기울여야 한다.

6. 국민의 재산을 보호하고 증대시켜야 한다.

7. 항상 능력을 개선하고, 절약하며, 사회주의 노동윤리를 강화해야 한다.

8. 평화와 사회주의의 정신으로 자녀들을 다방면으로 교육시키고, 정신과 체력이 굳건한 사람으로 키우라.

9. 깔끔하고 품위를 지키며 가족을 존중해야 한다.

10. 민족을 위해 투쟁하고 민족의 독립을 옹호하는 연대를 실천해야 한다.

청년들은 이 충성 선서문을 성년식에서 또박또박 암송해야 할 뿐 아니라, 각 선서의 마지막에는 추임새로 '예, 우리는 그것을 높이 평가합니다(Ja, Das loben wir)!' 하고 큰 목소리로 제창해야 했다. 그리고 누구든 서약식 참석을 거부하면 진학과 취업에 있어서 불이익을 당할 수밖에 없도록 만들었다. 또 성년식은 어떻게 피한다 하더라도, 이제 학생들은 교회 청년부에서 활동을 할 것인가 아니면 자유청년동맹(FDJ)에서 활동할 것인가를 결정해야 했다.[88] 교실 내에서 급우들조차도 완전히 따돌리기 일쑤였기에 앙겔라의 친구 유스투스는 이때 학교 가기가 무서울 정도였다고 했다. 괴롭힘과 인격적인 모욕을 당하기 때문이다.[89] 국가 노선에 충실한 교사들도 교회 다니는 학생들을 집요하게 괴롭혔다. 앙겔라의 경우에도 동료들 앞에서 교사가 아버지의 직업을 반복해서 묻는 바람에, 그녀가 '목사(Pfarrer)'와 발음이 비슷한 '운전사(Fahrer)'로 들리게 대답했었노라고 같은 반이었던 한 동창생이 기억했다.[90] 아무튼 그럼에도 불구하고 당시에는 그녀가 다녔던 괴테슐레(Goethe-Schule) 학생들 중 약 1/3이 교회에서 실시하는 견진성례 교육에 참석했다고 한다. 동베를린은 통일되기 전까지도 개신교 성도의 비율이 꽤 높은 지역이었다. 앙겔라 가족들은 앙겔라가 상급학교에 진학할 수 있도록 교회에서의 견진성례에 참석하면서 동시에 자유청년동맹(FDJ)에 가입하기로 결정했다. 그러나 충성서약식에는 끝까지 참석하지 않았다.[91]

1971년 동독의 기독교연맹은 아이제나흐(Eisenach) 총회에서 "증언과 봉사 공동체로서 동독의 교회는 이 특징적인 사회 속에서 그 사회 옆(neben)도 아니고, 또 이 사회의 반대(gegen)에 서지도 않으면서, 자신이 속한 사회에 대해 깊은 고려를 해야 한다."라고 선언했다.[92] 이때부터 '사회주의 속의 교회(Kirche im Sozilismus)'라는 말이 사용되었다. 이것은 생존을 위한 교회의 몸부림이었다고 볼 수 있다. 그렇게 1970년대 잠시 교회와 타협하는 시기도 있었다. 그러나 80년대에 들어오면서 교회와 국가 사이는 다시 긴장이 증대되었으며, 동독의 사회주의통합당(SED)은 스스로도 "교회는 사회주의 속에서 본질적으로 사회주의와 일치하지 않는 유일한 기구"라고 인정할 정도의 상황으로 바뀌었다. 권오성은 당시 동독 교회 내의 반체제 움직임에 대하여 다음과 같이 설명한다.[93]

> 실제로 그러했기에, 교회는 사회로부터 도피하는 사람들이 모이는 영역이 되었다. 그런 점에서 동독 교회는 지난 수십 년 간 그 사회의 인권 변호사 역할을 해왔다. 감옥에 갇힌 사람들, 정치적으로 박해를 받는 사람들, 병역 거부자들을 돌보았고, 동독 정부에 계속해서 여행 규제를 완화하라고 권했다. 그래서 정치적으로 활발하게 활동하는 단체들이 교회가 동독의 민주화와 개방을 위해 노력해야 한다고 주장했고, 교회를 보호막으로 하여 활동하는 경우도 많았다. 그 단체들은 교회가 말씀 증언하는 것을 이제는 정치적인 행동으로 나타내야 한다고 주장했다.

따라서 동독 정부는 통제된 사회 속에 허용된 작은 공간인 교회에 비밀경찰인 슈타지(Stasi) 요원들을 투입하여 정보를 얻어내려 시도했다. 비밀 요원이 직접 교회에 투입된 경우, 또 비공식 직원으로 투입된 경우, 그리고 교회 직원이 슈타지 요원의 협력자로 활동하는 식의 3가지 경우가 실재했다.[94] 당시 동독 정권으로부터 집요하게 간섭받던 동독 교회의 상황을 박상봉은 다음과 같이 요약했다.[95]

> 분단 시절 동독 공산당의 교회 탄압은 집요하게 이루어졌다. 1949년 동독 건국 당시 전 동독인의 90%가 기독인이었으나 1990년 통일의 해에 남아있던 기독인은 24%에 불과했다는 사실이 이를 말해주고 있다 … 동독 공산당은 성인식을 교회의 반대에도 불구하고 학교의 공식 행사로 적극 추진했고, 가족이 참여하는 가족 축제의 형태로 발전시키며 이 행사를 거부하는 학생과 학부모들을 조직적으로 배제시켰다. 그 결과 청소년들의 97%가 성인식에 참여하게 되었다. 또한 각 학교는 수요일 오후마다 이들의 청년 활동을 부추겼으며 이를 위해 숙제도 내주지 않도록 배려하기도 했다. 성인식에 참여하는 학생들은 다음 것들을 서약하며 사회주의 정신을 배양하는 한편 교회로부터는 멀어져 갔다. ▲진실한 애국청년으로 소련과의 우호 강화 및 사회주의 국가들과의 형제 동맹 강화 ▲프로레타리아 정신으로 무장 국제적 투쟁 강화 ▲평화수호 ▲모든 제국주의 공격으로부터 사회주의 보호.

유물론에 근거한 국가 철학을 가진 나라에서 기독교의 존립은 당연히 위태로울 수밖에 없다. 문제는 통일 후에도 구 동독 땅에서는 수십 만의 가정에서 해마다 성인식을 행하고 있다는 것이다. 사회주의 체제가 만든 비기독교적 전통이 어느새 동독 주민들의 생활 속에

녹아들어 아직도 그 영향력을 행사하고 있는 현실이다.

폴 존슨(Paul Johnson)은 그의 베스트셀러 〈모던 타임스, Modern Times〉에서 현대사에서 전개된 특이한 사항 하나를 지적한다.[96] "1970년대부터 1990년대까지 세계가 목격한 사실은 신앙을 합리화하고, 대체로 비종교적인 사회와 타협하려 했던 교회와 종교 단체들이 전반적으로 쇠퇴했다는 것이다." 이런 결과는 결국 근본주의의 득세를 가져오게 했다는 설명이다. 합리주의가 아니라 믿음과 계시의 말씀을 강조하며, 종교적 믿음에 기반을 두지 않은 단체와의 타협을 거부하게 되었다는 것이다. 존슨은 그러면서 합리화의 상징이라 할 수 있는 '세계교회협의회(WCC)'와 남미의 '해방 신학'을 그 예로 들었다.[97] 1980년대에 교회 일치운동과 최소 신앙주의, 마르크스주의나 다른 반종교적 사상들과 타협할 필요를 특히 강조했던 WCC는 하지만 사람들의 지지를 잃었다고 그는 지적했다. 해방 신학도 언론의 관심을 끌며 대중적인 시도를 벌였지만, 큰 반응을 불러오지는 못했다는 것이다.

슈타지(Staatssicherheitdienst, 국가안전부)

레닌은 "우리의 운동에서 조직의 중대한 원칙은 비밀 엄수, 조직원 선발의 제한, 직업 혁명가의 양성(The one serious organizational principle for workers in our movement must be strictest secrecy, restricted choice of members, and training of professional revolutionaries.)"이라고 역설했다.[98] 결국 그는 우유부단한 대중의 감정과

신념, 의지를 사로잡을 '소수 전위대(revolutionary élite, vanguard minorities)'가 필요했던 것이다.[99] 따라서 소련과 북한은 물론 현재의 중국까지 공산사회주의 국가들에서의 국민에 대한 감시와 탄압은 정권의 존립에 있어 양보할 수 없는 필수요소이다.[100] 슈타지(Stasi)는 1950년 소련의 KGB 주도 하에 동독에 창설되어 반체제 인사 감시 및 탄압, 국경 경비, 해외 정보 수집, 대외 공작 등을 주 임무로 활동한 동독의 정보기관으로, 직역하면 '국가안전부'가 된다.[101] 무지막지한 공개 총살과 정치범 수용소로 주민들에게 직접적이고 공개적인 테러와 살인을 자행하는 북한만큼은 아니어도, 슈타지와 비밀경찰(Volkspolizei, VoPo)을 동원한 동독의 인권 탄압은 서구의 자유주의 시각으로선 상상을 초월하는 수준이었다. 1989년 당시 슈타지는 성인 근로 인구의 절반이 넘은 6백만 명의 개인 신상 파일을 소장하고 있었으며, 1백만 명이 넘는 주민들이 슈타지 요원이거나 비공식 협력자(IM)였다.[102]

데니스 바크는 슈타지의 전 국민 상호 감시 프로젝트에 따른 폭력성에 대하여 다음과 같이 소개한다.[103]

> '정치적으로 옳은'(politically correct, PC)은 1920~30년대 마르크스-레닌주의자들이 당 노선과 합치되는 이론을 일컫는 표현이었다 … 그리고 정치적으로 옳은(PC) 사고를 갖게끔 강제하는 일은 비밀경찰인 슈타지(Stasi)의 몫이었다. 슈타지는 동독 주민들의 상호 감시와 협박을 강요했다.
>
> 사회주의라는 이름으로 세상에 실제로 존재했던 체제가 굴러갈 수 있게 했던 가장 중요한 원칙은 폭력이었다. 살인, 고문, 국경에서의 사살명령, 투옥 및 추방은 직접적이고 공공연한 폭력이었고 자

의적 법 집행, 보복, 위협, 모욕, 세뇌, 강압, 협박 및 공갈 등은 간접적 폭력이었다 … 지속적인 선동 조작에다 조그마한 일탈도 일체 허용하지 않게 되면 외부의 강압이 내면세계에까지도 압력으로 작용하게 된다. 폭력(暴力, Gewalt)은 각 개인의 내면 메커니즘이 노예화와 자기파괴에 이를 때까지 집요하게 작동했다.[104]

기민연(CDU)의 콘라드-아데나워 재단(Konrad-Adenauer Stiftung)에서 2002년 발행한 『슈타지, 그들의 정체는 무엇인가(Was war die Stasi)?』에는 그들의 정체에 대하여 보다 적나라한 내용들이 공개되어 있다.[105] 그 중에 몇 가지를 소개하면 다음과 같다.

* 1945년 동독의 초대 국가평의회 의장이었던 발터 울브리히트는 "민주주의처럼 보여야 한다. 그러면서도 모든 것이 우리 손바닥 안에 있어야 한다"고 했다. 그러나 그의 후계자 에리히 호네커는 1975년 이렇게 말했다. "합법적으로 보여야 한다. 그러면서 모든 반대세력의 싹은 잘라내야 한다."[106]

* 1977년과 1979년 슈타지는 그동안 구금했었던 유명 인사들, 예를 들어 작가이자 심리학자인 위르겐 푹스(Jürgen Fuchs), 가수인 게룰프 파나흐(Gerulf Pannach), 철학자인 루돌프 바로(Rudolf Bahro) 등을 서독으로 보냈다. 슈타지는 그들을 보내줄 수밖에 없었다. 그러나 공교롭게도 슈타지가 서독으로 보낸 이들은 모두 암으로 사망했다 … 1990년 초 시민단체들은 슈타지 수용소에서 실제로 방사능 기계를 찾아냈다.[107]

* 슈타지가 행했던 체포, 격리, 즉각적인 국적 박탈, 서독으로의

추방, 혹은 의도적인 "심리적 테러(Zersetzung)" 조치는 소위 OV(일반 공작 조치)의 일환으로써, SED에 적대적인 자에게 취해졌던 조치였다. 여기서 말하는 '심리적 테러'란 넓은 의미에서주민의 삶에 대한 개입 및 파괴, 사회적 격리를 의미했지만, 좁은 의미에서는 주민이 슈타지에 의해 자신의 삶에 대한 제어력을 잃게하는 것을 의미한다. 슈타지는 이 과정에서 주민을 정신병이나 자살로 몰고 가는 행동도 서슴지 않았다.[108]

교회 탄압에 있어서도 슈타지의 역할은 매우 집요했다. 교회와 소규모 종교 단체를 통제하고 조정하는 비밀경찰과 같은 임무는 슈타지 총국 제5실 제4과(HA Ⅴ/4)가 맡았다고 한다.[109] 이들이 맡았던 가장 중요한 임무는 교회의 인적 구조를 파악하여 교회를 이끌어가는 중요 위원회를 감시하는 것이었다. 그 후에는 '차별 정책(Differenzierungspolitik)'을 추진하는 것으로, 그것은 동독 SED 차원에서 '긍정적인' 교회 세력을 파악 · 지원하는 반면, '부정적 · 적대적인' 세력은 찾아내 그들을 중상모략하고 음모를 통해 제거하는 전략이었다. 그리고 이와 같은 이중적 정책을 수행하기 위해 슈타지는 교회 내 비공식 요원을 두었으며, 베를린 지역의 교회에서 활동하던 비공식 요원(IM)들만 해도 수백 명에 달했다고 콘라드-아데나워 보고서는 설명한다.[110]

특히 이들에 대해서는 특별하게 관리했는데, 일반적으로 비공식 요원으로 발탁된 자는 자신이 슈타지 요원으로서 부여된 임무를 성실히 수행하겠다는 의지를 밝히는 일종의 각서를 제출해야만 했다. 그러나 교회 신도를 상대로 포섭한 요원들에게는 이와 같은 각서 제출을 요구하지 않았다고 한다. 그 이유는 포섭된 요원들의 신분에 대하여 계속해서 비밀 보장을 해주는 것이 무엇보다 중요했기 때문이었다. 그리고 그들 중에는 매우 '자발적'으로 활동했던 요원들도 있었다고 보고서는 전한다.[111]

> 슈타지 요원들 중에는 수십 년을 넘게 철저하게 주변 사람들을 속이고 활동한 사람에서 부터 스스로 자신을 슈타지 요원이라고 공개하는 사람도 있었다. 예를 들어 슈타지에 은밀하게 협력하겠다고 약속한 교회 관련 인사들 중에는 자신과 슈타지 사이의 협력이 오히려 국가와 교회 관계를 개선할 수 있다고 잘못 믿었던 사람들도 있었다. 그와 같은 '연약한' 사고의 소유자 외에도, 의욕이 충만한 나머지 무턱대고 '저지르는 자들'도 있었다. 그런 사람들은 자신의 힘으로 교회정책을 세워 기여하겠다는 신념에 차 있었으며, 슈타지로부터의 지원을 얻는 데 힘을 쏟기도 했다. 그 밖에도 정치적인 신념을 가지고 사회주의의 승리를 위해 기여하겠다는 확신에 찬 사람들도 있었다. 그들은 어떤 경우에든 두려움이 없었다. 왜냐하면 자신들이 가진 '높은 이상'의 실현을 지극히 정당한 것이라고 확신했기 때문이었다. 그들 중에는 자기 직업과 자신이 속한 집단에 대한 실망감과 개인적 악감정 때문에 스스로 자원하여 슈타지의 임무를 하려고 했던 사람도 있었다.

수많은 비공식 요원들이 자기 착각에 빠져 슈타지를 위해 헌신했지만, 그들도 결국 그런 착각에서 깨어나 현실을 직시하게 되었을 때, 자신과 슈타지 사이의 부끄러운 관계를 비밀로 유지하기 위해 갖은 노력을 다했다고 보고서는 설명한다.[112]

Snapshot #3

브뤼제비츠 목사의 분신자살

1976년 8월 18일 아침, 루터의 후손들이 많이 살기로 유명한 작센-안할트의 소도시 짜이츠(Zeitz)의 미카엘교회 앞에서 오스카 브뤼제비츠(Oskar Brüsewitz, 1929-1976) 목사가 몸에 기름을 뿌리고 분신자살을 기도했다. 서독 출신으로 자진해서 동독으로 이주했던 그는 심한 부상을 당했고, 4일 후 결국 죽고 말았다. 자살을 시도하기 전에 그는 직접 제작한 현수막을 차에 붙여놓아 자신의 원함이 무엇인지를 세상에 분명히 밝혔다.

"우리는 공산주의를 고발합니다. 왜냐하면 어린이와 청소년을 위한 학교 교회를 억압하기 때문입니다(Wir klagen den Kommunismus an: wegen Unterdrückung der Kirchen in Schulen an Kindern und Jugendlichen!)!"

그의 죽음에 대하여 동독 정부는 국가반역죄를 적용하였으며, 가족들의 면회는 금지되었고 장례식조차도 삼엄한 감시 속에 진행되었다.

– Jonas Weyrosta,
"Wofür ist er gestorben?",
30. Mai 2019, Die Zeit;

동독 출신으로 현재 라이프치히 대학의 역사학 교수인 라이너 에케르트(Prof. Dr. Rainer Eckert)는 이 사건이 갖는 역사적 의미를 다음과 같이 정리했다.

"이 사건은 개신교 지역교회에서 큰 논란을 일으켰으며, 억압적인 국가에 대해 교회가 어떤 입장을 취해야 하는지를 다시 생각하게 만들었다. 정부 측은 브뤼제비츠를 정신 질환자로 간주하게끔 만들려고 노력했다. 그러나 많은 사람들은 브뤼제비츠의 자기희생을 자기주장을 관철시키기 위한 행위로 이해했으며, 그의 장례식 행렬은 정치적 시위 행렬이 되었다 … 70년대의 가장 큰 특징은 무엇보다도 교회 지도층의 다수가 정부와 갈등을 최소화하거나 심지어는 정부에 충성하고자 했다는 것이다. 또한 교회 지도층은 교회 내의 반대 세력들에 대해서도 자체적으로 조치를 취했다. 독일사회주의통합당(SED)은 이에 만족했으나, 그렇다고 해서 이념을 완화함으로써 이에 대해 보답할 생각은 전혀 없었다. 오히려 1974년의 청소년법 제정으로 아동 및 청소년 교육관과 관련해서 교회에 대한 압력을 더욱 더 강화시켰다. 또, 공산주의 비밀경찰의 사복 경찰들이 점차 개신교 주(州)교회에 서서히 침투해 들어갔다."

– Rainer Eckert,
"저항 운동, 반대세력, 독재 정치:
독일의 두 번째 독재 체제(1945–1989/90) 하의 교회",
연세대학교 통일연구원 2003년 추계한독학술심포지움
"통일과 교회의 역할"에서 발표;
http://www.fes-korea.org/media

제4장

연극 사건

그곳에서 살아남기 위해서는
적당히 자신과 타협하는 자세가 필요했습니다.
– 앙겔라 메르켈

앞서 언급했듯이, 앙겔라는 자유청년동맹(FDJ) 단원이었기에 상급학교 진학을 위한 졸업 시험을 볼 자격을 얻게 되었다. 가족들은 성적이 우수했던 그녀가 아버지의 직업과 교회 생활 때문에 대학 진학을 하지 못할까봐 걱정을 많이 하고 있었다. 당연히 매우 어렵게 내린 결정이었을 것이다. 왜냐하면 목회자 자녀들 중에 FDJ에 가입하지 않아서 대학 진학을 포기해야 했던 많은 사례들이 있었기 때문이다.[113] 그런데 대학 입학을 얼마 앞둔 즈음 그녀의 장래를 통째로 위태롭게 할 수 있었던 큰 사건 하나가 터졌다. 바로 '연극 사건'이다. 슈마허는 당시 사건의 전말을 다음과 같이 소개한다.[114]

메르켈의 반은 문화 행사에 참가해 공연을 하라는 교사의 지시를 받았다. 그렇지만 이미 대학 입학증을 손에 넣은 학생들은 그런 행사에 별로 관심이 없었다. 결국 쉬는 시간에 확성기에서 12b반은 행사에 참여할 필요가 없다는 방송이 흘러나왔다. 그런데 마지막 순간에 메르켈을 필두로 한 무리의 여학생들이 그래도 무언가를 발표하겠다고 나섰다. 교사는 베트남 전쟁과 관련된 노래, 시, 연극을 추천했다. 적대 계급의 제국주의적 만행을 고발하는 공연이라는 것이다. 그렇지만 12b반의 여학생들은 오히려 반혁명적인 내용의 공연을 했다. 그들이 했던 공연 핵심 주제는 크리스티안 모르겐슈테른(Christian Morgenstern)의 시(詩) '도둑의 삶, Mopsleben'이라는 시였다.[115]

담장 끄트러미 구석에 쭈구리고 앉은 도둑들,
거리를 향해 길게 목을 빼고,
그렇게 좋은 자리에서
화려한 세상을 마음껏 맛보기 위해.
오 친구여, 납작 엎드려 몸을 숨기게.
아니면 자네도 담장 위의 도둑이 될 테니까.

민감한 교사들이라면 자기들과 관련된 내용으로 받아들일 수 있는 공연이었다. 마지막 장면에선 영어 강연까지 등장하면서 상황이 크게 격화되었다. 장학관이었던 독일어 여교사의 남편은 다음날 아침 곧장 국가기관으로 달려갔다. 아침 행사 전체가 취소되고 다른 반 학생들은 12b반을 성토하는 벽보를 붙였다. 슈타지가 학교로 달려와 직접 참여한 6명을 제외한 그 반의 모든 학생들을 심문했다. 재미로 생각했던 것이 순식간에 심각한 일로 커지고 말았다. 선생님들은 증오에 사로잡힌 눈으로 노려봤다. 이 여학생들이 처벌 받는 것은 당연한 일처럼 보였다. 대학 진학이 위태로운 순간이었다.

코르넬리우스는 이 사건에 대하여 "그녀는 동독의 좁은 세계를 동독의 방식으로 마주했다. 체제의 수단으로 체제를 공격한 것이다. 사실 당시 그 방식은 국민 스포츠라 할 만큼 즐겨 사용되는 것이었다." 라고 표현했다.[116] 아무튼 학교 관계자의 고소가 있었고, 다급해진 아버지 카스너 목사는 딸의 구명을 위해 사방으로 뛰었다. 특히 동독개신교연맹(BEK) 고위직과 동독 루터교회의 쉔헤어(Bischop Albrecht Schönherr, 1911-2009) 주교에게 도움을 요청했다. 다행히 이 안건은 동독사회주의통합당(SED) 최고회의에까지 탄원서가 올라가게 되었고, 그녀는 대학 진학을 할 수 있게 되었다.[117] 물론 후일담이긴 하지만, 학교 내에 최우수학생들이 모인 12b반에는 당 간부들인 노멘클라투라(Nomenklatura)의 자제들이 많아[118], 나름의 특혜를 받았을 것이라는 설명도 있다.[119] 그렇더라도 만약 그녀가 이때 대학 진학을 할 수 없게 되었다면 어떻게 되었을까? 그녀가 물리학 박사가 되지 못했다면, 독일 사회에서 그렇게 빨리 출세의 길에 들어서지 못했을 수도 있다. 독일에서 박사 학위 소지 여부는 사회생활에서 매우 큰 의미를 부여하기 때문이다. 그리고 그녀가 이 사건으로 정말 대학에 갈 수 없게 되었다면, 그녀는 반체제 운동가가 되었거나 아마 서독으로 넘어 왔을 수도 있다. 아무튼, 딸 앙겔라의 구명 운동은 아버지 카스너 목사가 동독 당국에게 약점이 잡히는 원인이 되었을 것이다. 앙겔라의 뛰어난 학업 성적만으로 동독 정부가 그녀에 대한 징계를 풀어주었을 것 같지는 않기 때문이다.

당시 앙겔라는 자신에게 닥친 긴박한 상황을 담담하게 받아들이면서도, 동시에 또한 자신의 잘못에 대해서 절대로 인정할 수 없다는 생각이 머릿속에 가득했다고 한다. 이 사건은 그 후에도 많은 후유증을 남겼다. 그녀의 반항심을 자극한 것이다. 사실 그녀는 자신에게 요구되는 마르크스-레닌주의에 대한 레포트 대신 동독 정부로부터 금서로 지정된 루돌프 바로(Rudolf Bahro, 1935-1997)의 책을 읽고 독후감을 쓰겠다고 담당 교수와 논쟁을 했던 적도 있었다. 그뿐 아니라 반체제 성향의 작곡가 겸 가수인 볼프 비어만(Wolf Biermann)의 음악과 라이너 쿤체(Reiner Kunze)의 책을 좋아하여, 가까운 친구로부터 조심하라는 충고를 듣기도 했다.[120] 작곡가이자 가수인 비어만은 앙겔라와 같은 서독 함부르크 태생으로 자신의 공산주의 이상을 찾아 17살 때 자진해서 동독으로 넘어갔지만, 결국은 실망하여 체제를 비판하다가 동독에서 다시 추방당했던 사람이다. 2005년에는 한국에도 왔었다. 그의 1965년 발표작 '독일, 겨울동화(Deutschland. Ein Wintermärchen)'는 앙겔라의 반항심에 큰 영향을 주었을 것이다.[121]

독일에선 12월에 슈프레(Spree) 강이
동베를린에서 서베를린으로 흘러간다.
나는 그곳으로 철로와 함께 헤엄쳤다.
그 장벽을 넘어
나는 그곳으로 철조망을 헤치고 나갔다.
블러드하운드 사냥개들을 넘어
거기서 나는 철조망 위를 떠다녔고

블러드하운드 사냥개 위를 넘어갔지
그때 정말 묘한 기분이 들었어
너무 불쾌한 의미로
너무 불쾌한 내 마음
-저기, 믿음직한 동료들-
같은 길 위에 있는
걷다가 총에 맞았고 (…)

또 저항시인 라이너 쿤체는 1973년 시집 『푸른 봉인이 있는 편지(Brief mit blauem Siegel)』를 간행하려 했으나 동독 정부로부터 출판금지를 당했고, 1976년에는 산문집 『아름다운 시간들(Die wunderbaren Jahre)』의 원고를 빼돌려 서독에서 발표했다. 이 책은 동독에서의 일상생활을 진솔하게 소개한 내용이다. 그러니 동독 정부가 좋게 보았을 리가 없다. 얼마 후, 쿤체는 동독의 작가협회에서 제명되었고 결국 1977년 동독을 떠나야 했다.

통일이 된 후, 앙겔라는 과거 자신이 동독의 사회주의 체제 속에서 인내하며 살아야 했던 어려움과 그에 따른 부작용, 즉 일종의 정신분열증적 증세를 솔직하게 털어 놓았다.[122] "오늘날 제 모습과 과거 저의 삶의 경험을 조화롭게 이해하는 것은 무척이나 괴로운 일입니다. 그곳에서 살아남기 위해서는 적당히 자신과 타협하는 자세가 필요했습니다." 사실 동독 주민 대다수가 어쩔 수 없이라도 체제가 요구하는 방식에 순응하며 살아야 했을 때에, 그래도 자신만의 자유로운 세상을 꿈꾸면서 살고자 했던 메르켈의 지난 시절을 조금은 짐작해 볼 수 있다. 왜냐하면 그녀는 서독에서 태어난 서독인으로서 그곳에 어쩔 수 없이 억류되어 있는 심정이었기에 다른 사람들보다 더 예민했을 것이기 때문이다.

Snapshot #4

라이너 쿤체의 '아름다운 시간들 (Die Wunderbare Zeit)'

동독에서는 학교에서 매일 아침 군사 훈련(Fahnenappell)이 실시된다. 모든 학생들이 참여해야 하는 훈련이다. 월요일 아침, X시(市) 소재 상급 학교의 교장이 깃발 옆에 제복을 입고 서 있다. 교장은 인민군 장교들이 입는 이 제복을 특별 훈련 때만 입었다. 교장은 다음과 같이 말했다. "학생이 인민군 장교를 멍청하고 덜 떨어졌다고 표현하는 것은 용납될 수 없는 일이다. 이러한 학생들과 가까이 지내지 않도록!"

관구사령부 대표는 노동자의 아들이자 11학년 학생인 N을 장교 후보로 추천하려고 했었다. 관구사령부 대표는 N에게 교장을 보면 알 수 있듯, 장교들은 모든 분야의 교양이 풍부한 사람이라고 설득했다. 그러나 N은 교장이 오히려 편협해 보인다고 답했다. 교장의 교육 방침 때문에 학생들은 일방적인 교육을 받으며 스스로 생각하지 못한다는 것이다. 단상에는 계속 깃발이 걸려 있었고, 학생 N은 11표의 반대와 1표의 기권으로 자유청년동맹(FDJ)에서 제명되었다. 사전에 부모회의가 열렸고, 회의에 참석했던 부모들은 자고 있던 딸을 깨웠다. "그 놈 편들면 큰일 난다! 그 놈을 편드는 얘기는 절대 하면 안 된다!"

부모회의에 이어 학급회의가 열렸다. "N의 편을 드는 사람은 노동자 계층의 입장에 반대하는 사람이다." 결국 토론자로 선정된 모든 학생들은 각자 N에 대해 부정적인 이야기들을 늘어놓았고 그 모든 이야기를 종합하자 N은 불손한 인간이며, 학교 친구들을 불안에 빠뜨리고 극단적인 사상을 가진 사람이라는 결론이 도출되었다. 한 여학생은 N을 장교로 추천하려고 했던 이유는 무엇이었냐고 실망스럽게 물었다. (3일 후) N은 수업 시간에 참석할 수 없게 되었다. 친한 친구들에게 담임선생님이 말했다. "우리 몰래 N과 연락을 하면 자네들도 위험해질 수 있네."

N의 퇴학을 허가해 달라는 학교 측의 요청이 베를린에 접수되었다. "귀하의 아들을 독일민주공화국의 그 어떤 상급학교에서도 받아주지 않을 것이라는 점을 알려드립니다. 이유는 알려진 그대로입니다. 이 조치로 귀하의 아들이 다시 독일민주공화국의 젊은 시민으로서 취해야 할 입장과 태도를 취할 수 있기를 희망합니다."

– Reiner Kunze
Die wunderbaren Jahre (Frankfurt am Main, 1976),
p. 60–63; CefiaWiki,
"6. 동독: 사회주의 국가에서의 삶"

제5장

여행 제한

당신도 어쩔 수 없다면,

당신 하고 싶은 대로 해요.

– 요아킴 자우어(Joachim Sauer)

2013년 어느 인터뷰에서, 그녀는 동독에 사는 동안 동독을 탈출하겠다는 생각을 해본 적은 없었느냐는 질문을 받고 다음과 같이 대답했다.[123]

"나는 사실 꽤 자주 떠날 생각을 했었습니다. 지인 몇 명도 이미 넘어 갔고요 … 부모님께도 말씀드렸었지요 … 그런데 가족과 친구들과의 소속감이 항상 마지막에 이겼어요. 나는 그들을 실망시키고 싶지 않았고, 홀로 있게 하고 싶지 않았습니다. 만약 비상사태가 발생한다면 동독을 떠나 서독에서 다시 시작할 수 있다는 것을 아는 것이 내게는 매우 중요했습니다. 아무튼 우리 자신을 속이지 않았어요. 왜냐하면 나중에 이민 신청이 어려워지기 때문입니다."

메르켈은 통일 후, 당시 자신은 자유롭게 서방 국가로 여행할 수 없다는 것이 너무나 괴로웠다고 말 한 적이 있다.[124] "지금도 가끔 속으로 생각해요. 그걸 어떻게 견뎠는지. 그것도 바로 이곳 베를린에서 말이에요." 메르켈은 베를린의 물리화학연구소(ZIPC)에서 12년간 근무하며 아침마다 베를린 장벽을 따라 이어지는 전철을 이용해야 했다. 어떤 때는 이웃한 전차역 저편 서쪽에서의 개 짖는 소리를 듣기도 했다.[125] 이렇게 아침 저녁으로 장벽 너머의 세계를 그리워하며 캡슐에 갇힌 듯 살아야 하는 것이 그녀에게 큰 고통이었음이 틀림없다. 그 모든 것이 그녀가 겪어야 했던 답답함이었을 것이다. 사실 여행은 서독에서 넘어 온 카스너 가족에게 매우 중요한 삶의 동력이었다. 따라서 자유로운 여행을 할 수 없다는 사실 자체로 그녀가 폐쇄된 사회에 살고 있다는 답답함에서 자유할 수 없었을 것이다. 그래서인지 학생 시절부터 그녀에게 공적으로 허락된 여행들은 늘 새로운 이야기와 사건들이 벌어지는 시작점이기도 했다.

여행을 통해 그녀가 겪은 충격 중에 제일 큰 것은 베를린 시내를 가로막은 장벽이 설치되던 날의 경험이었다. 왜냐하면 특히 서독 함부르크에 앙겔라의 조부모가 살고 계시기에 그 충격은 더 컸다. 코르넬리우스의 상황 묘사이다.[126]

'앙겔라가 10학년이 될 때까지, 카스너 가족은 앙겔라의 세 살 터울 남동생 마르쿠스, 열 살 터울 여동생 이레네와 함께 휴가 여행을 다녔다. 그중 두 여행이 앙겔라에게 특별한 기억으로 남아 있다. 장벽이 생긴 1961년 8월 13일 직전에 온 가족이 바이에른

(Bavaria) 주를 여행했다. 폭스바겐(VW) 안에는 함부르크에서 온 외할머니도 같이 있었다. 딸, 사위, 손자들과 함께 한 그녀의 마지막 여행이었다. 금요일에 집으로 돌아오는 길이었는데, 호르스트 카스너는 숲에 커다란 철조망이 설치되었고 군인들이 많이 보여 이상한 기분이 들었다. 불길한 기분이 엄습했다. 그리고 일요일에 국경이 폐쇄되었고 장벽이 세워졌다.'

그녀의 부모들은 원하기만 하면 언제든 서독으로 돌아갈 수 있다고 생각했었기에 동독에 살았던 것 같다. 그러므로 베를린 장벽의 건설은 메르켈 가족들에게 정말 큰 충격이었다. 당시 7살이었던 메르켈 자신도 8월 13일을 생생하게 기억한다.[127] "그날 아버지는 설교를 하고 계셨습니다. 교회 주변에는 험악한 분위기가 감돌았어요. 절대 잊지 못할 겁니다. 사람들은 울부짖었어요. 어머니 역시 마찬가지였어요. 앞으로 무슨 일이 벌어질지 예상할 수가 없었습니다." 어느 날 갑자기 도시의 중간 155km를 4m 높이의 장벽이 가로막았다는 것, 당사자들에게 무시무시한 충격이었을 것이다. 갈 수 있지만 가지 않았다는 것과 이제는 더 이상 가고 싶어도 갈 수 없다는 것은 무척 다르기 때문이다.

그 다음 혼자 여행을 떠난 것은 8학년 시절, 그녀의 탁월한 러시아어 실력 덕에 부상으로 주어졌던 러시아 여행길이었다. 어릴 적 그녀가 살던 템플린의 초입인 보겔장(Vogelsang)에는 소련 공군 주둔지가 있었다. 물론 영어 교사였던 어머니로부터 받은 어학적 재능도 있었겠지만, 그녀는 고향마을의 소련군인들과 틈나는 대로 러시아어를 연습

할 수 있었던 것이다. 10학년 학생들에게만 주어지는 러시아어 올림피아드에 그녀는 8학년 때 참가하여 3등으로 입상하였고, 10학년 때에는 드디어 전국 1등의 탁월한 실력을 인정받았다. 모스코바를 방문하게 된 그녀는 그곳에서 처음으로 비틀즈의 〈노란 잠수함, Yellow Submarine〉 앨범을 샀다. 템플린 시절부터 특히 좋아했던 폴 메카트니(Paul McCartney)의 사진이 담긴 자켓을 손에 들고 기뻐했을 꿈 많은 소녀의 모습이 그려진다. 그녀는 또 그곳에서 처음으로 독일의 통일에 대해서도 듣게 되었다고 코르넬리우스는 언급한다.[128]

1968년 앙겔라 가족은 체코의 스네츠코로 여름 휴가를 간 적이 있었다. 이곳에서 또 한번의 충격적인 소식을 접하게 된다. 코르넬리우스는 당시 상황을 다음과 같이 정리했다.[129]

> '체코슬로바키아의 슈네코페 끝자락에 있는 페츠 포드 스네츠코(Pec pod Sněžkou)로 온 가족이 휴가를 갔다. 부모님은 높은 산중턱의 숙소에 잠시 아이들만 남겨 두고 프라하로 떠났고 그곳에서 민주화 운동의 기운과 토론들, 한마디로 '프라하의 봄'을 직접 목격했다. 자유를 숨 쉬는 기분을 느꼈다. 그런데 8월 21일에 소련의 붉은 군대가 프라하로 들어와 민주화 운동을 진압했다. 당시 앙겔라는 열네 살이었다. 템플린으로 돌아온 후 그녀가 집과 학교에서 이끌었던 들끓는 논쟁을 그녀는 아직도 기억한다. 당연히 학교 당국은 토론을 싫어했고 그녀는 그것을 즉시 감지하고는 두브체크(Dubcek)에 관한 이야기를 끝냈다. 앙겔라 카스너는 침묵에 정말로 능했다.'

속내 감추기와 말조심은 감시 국가에서 살아남기 위한 필수 생존 전략이라는 것을 그녀는 일치감치 깨닫고 있었다.[130] 그럼에도 그녀에 대한 슈타지의 분석은 남달랐다. 1980년 폴란드에서 레흐 바웬사를 중심으로 일어난 '자유노조연대(솔리다리노스치)'의 움직임에 깊은 관심을 갖고 있던 그녀는 폴란드에 꼭 가보고 싶었다. 안전한 여행은 당연히 아니었다. 그녀는 그녀가 관계된 청소년관광단체(FDJ)의 도움으로 비자를 받았고, 드디어 폴란드에 가서 관련 자료들을 구할 수 있었다.[131] 매우 조심스런 여행이었고, 입단속도 잘했다고 생각했다. 그랬음에도 슈타지 기록문에는 그녀에 대해 "메르켈은 동독 정권과 공산 체제에 대해 비판적인 생각을 갖고 있으며, 폴란드 자유노조에 대해 동조적인 입장을 취하고 있다"라고 명확하게 분석하고 있었다.[132]

메르켈은 그녀가 60세가 되면 미국으로 가는 큰 꿈을 가지고 있었기에,[133] 템플린의 부모 집에서는 앙겔라가 당국에 정식으로 '해외여행 신청서'를 내야할지에 대한 토론이 이미 여러 번 있었다. 동독에서는 연금이 시작되는 60세가 되기 전에는 서방국가로의 여행을 신청할 수가 없었다. 남자는 65세, 여자는 60세가 기준이다. 그 전에는 공적인 업무상의 이유 외에는 절대로 허락되지 않는 것이 동독에서의 룰이었다. 그리고 그것은 무슨 인도주의 차원에서의 조치가 아니라, 일단 그 나이가 되면 노동력이 끝났다고 보았기 때문이고, 이제 국가가 나서 연금을 지급해야 할 나이가 되니 그 조차 서방에다 떠넘길 수 있기 때문이다. 그녀는 나이를 먹을수록 미국으로 갈 생각이 더욱 강해졌지만 부모님들은 당연히 화를 냈다.[134]

부모님의 반대편에는 친구이자 동거인인 요아힘 자우어(Joachim Sauer)가 있었다. 그는 당연히 메르켈의 생각을 알고 있었고, 그녀의 내적 결심을 지지했다. 그는 불같은 성격이지만 메르켈에게 큰 영향을 미쳤다. 그는 서방 국가에 대한 메르켈의 동경에 대해 조언해 주기도 했다. "당신도 어쩔 수 없다면, 하고 싶은 대로 해요."

그녀가 1986년에 받은 박사학위 논문에 처음 등장하는 요아힘 자우어는 이론 화학의 세계적인 권위자로 노벨상 후보에 종종 거론된 인물이다. 현재 베를린대학 무기화학 교수인 자우어는 당시 그녀와 같은 물리화학연구소에 근무했었으며 그녀의 박사학위 연구에도 많은 도움을 주었던 사람이다. 그가 당시 그녀의 동구권 출장에 동행했었다는 슈타지(Stasi) 기록이 있다.[135] 그녀보다 4살 위인 자우어는 그녀를 만날 당시 이미 결혼을 했으며, 두 아이의 아빠였다. 그런데 그도 결국 이혼을 하게 되었고, 이후 두 사람은 오랜 동거생활을 하다가 1998년에 결혼을 하게 된다.

1986년, 앙겔라 메르켈은 처음으로 서독을 방문할 수 있는 허락을 받았다. 아마도 슈타지는 이제 그녀가 남자친구 때문에라도 서독으로 망명할 이유가 없을 것이라고 판단한 모양이다. 공식적인 방문 목적은 함부르크에 사는 사촌의 결혼식이었다. 태어나서 8주 만에 떠났던 서독에 30년이 넘어 처음으로 다시 들어가는 것이다. 자신이 태어난 곳에 처음 가보는 것이기에 더욱 특별했을 것이다. 그녀는 서독 호텔에서 보낸 첫날밤을 오랫동안 기억한다.[136]

'동독에서 온 여자가 혼자 호텔에서 하룻밤을 묵을 수 있을지 잘

몰랐습니다. 당신이 생각하기엔 별 시덥잖은 고민으로 보이겠지요. 난 부다페스트, 모스크바, 레닌그라드, 폴란드를 여행하고 도보로 소련을 횡단해본 사람이지만 그 당시에는 여자 혼자 호텔에 묵을 수 있는지가 확실하지 않았어요. TV에서 본 범죄 프로그램이 떠올랐지요.'

그런데 결혼식이 끝난 후, 그녀는 목적지를 이탈해 독일 최남단에 위치한 아름다운 호반의 도시 콘스탄쯔(Konstanz am Bodensee)로 향한다. 그곳 대학에 있는 동료를 만나기 위해서였다. 그렇게 하는 것이 불법이었는지에 대해선 언급이 없다. 콘스탄쯔에서 그녀는 남자 친구를 위해 몇 가지 선물을 샀다. 꿈에 그리던 서독에 와서 직접 물건을 살 수 있다는 사실은 그녀에게 매우 남다른 기분이었을 것이다. 그리고 다시 칼스루에(Karlsruhe)로 가서 그곳의 물리학자들을 만났다. 그녀가 경이롭다고 감탄했던 서독의 인터시티(Intercity) 열차 이야기 외에, 당시 그 여행과 관련하여 다른 특별한 언급은 없다. 그러나 다음 두 가지는 빠지지 않고 꼭 등장한다. "결혼식에서 나는 사회주의 체제가 살아남지 못할 것임을 깨달았다",[137] "민주적인 사회주의는 없다. 접근을 통한 변화는 불가능하다. 그저 서구식 모델만이 가능한 길이다."[138]

Snapshot #5

동독의 트라비(Trabi) 경제

동독의 국민차가 트라반트(트라비)이다. 동독의 유일한 자동차 모델이었고, 이 차의 구입을 위해 동독 사람들은 14년을 기다려야 했다고 한다. 동독은 1970년대 이 자동차를 만들었다. 이 자동차의 성능은 강화 플라스틱에 2기통 오토바이용 엔진을 장착했다고 한다. 사실 자동차라 하지만 엔진의 성능에서 요즘 자동차와 비교가 되지 못함은 물론이다. 트라반트는 출시 첫 해부터 사용한 2기통 엔진을 생산하던 마지막 해까지 고수했고 디자인 변화도 없었다. 목화 섬유가 포함된 플라스틱 차체는 재활용이 되지 않을 뿐더러 태우면 유독 가스가 심했고, 별도의 엔진 오일을 사용하지 않고 가솔린에 섞어 넣어서 매연이 너무나 심했기 때문에 커다란 환경 문제가 된 자동차이다.

사회주의 국가들이 한결같이 국민들에게 천국을 만들어 줄 것처럼 약속하였으나 현실은 정반대인 경우가 많았다. 당시 소련만 놓고 보더라도 국방, 우주 등 분야에서는 선진국과 대등하거나 앞섰지만 생필품의 품질은 조악하고 늘 공급 부족인 경우가 많았다. 사람들이 먹고 사는 문제를 등한시한 결과였다. 궁극적으로는 계획 경제로 인해 시장이 작동되지 않았기 때문이다. 트라비는 요즘으로 말하면 동독의 국민차다. 당시 미국은 마이 카 시대에 들어 체제 경쟁에서 한발 앞선 형국이었다. 사회주의 국가들은 이러한 상황을 만회하기 위해 트라반트 자동차를 만들어 국민들에게 보급하려 했던 것이다.

여하튼 트라반트 자동차는 통독 이후에도 거리를 활보하는 진귀한 자동차가 되었다. 서독 사람들의 입장에서 보면 성능이나 환경 측면에서 형편없는 트라반트가 거리를 활보하고 다니는 것이 곱게 보일 리가 없다. 그래서인지 서독 사람들 사이에는 이 자동차를 두고 계획 경제 체제를 비아냥거리는 재미있는 우스갯소리가 많다. 동유럽 사회주의 국가들의 몰락의 중요 원인 중 하나가 트라반트를 만들어낸 것과 같은 계획 경제의 한계 때문이라는 많은 전문가들의 분석이 있었음은 시장 경제를 채택하고 있는 우리에게 시사하는 바가 새삼 크다고 하겠다.

– 김진영(KDI 경제정보센터 경제교육실장),
"동독의 트라반트 자동차와 경제체제", 2009.11.04.;
https://eiec.kdi.re.kr/

제6장

결혼 그리고 이혼

소녀(Mädchen)라기 보다는 그냥 동료(Kumpel)였죠.

– 학창시절 남학생

템플린에서의 학창 시절 앙겔라는 남학생들의 눈에 띄어 고개를 돌리게 하는 부류는 분명 아니었다. 그녀 스스로도 자신의 연애사는 그리 흥미롭지도 않다고 순순히 인정했다. “나도 가끔은 남자 아이를 좋아하기는 했지만 꽤 순수한 감정이었습니다. 그때는 그런 감정 변화가 빠르지 않았어요. 요즘처럼 그런 일이 자연스럽지는 않던 시대였어요. 그리고 난 노는 부류는 아니었고요.” 당시 한 남학생 동료는 그녀에 대해 “소녀(Mädchen)라기 보다는 그냥 동료(Kumpel)였다”고 회고할 정도였다. 그러면서 이성 교제에 관심 없는 그녀가 ‘키스 무경험자 모임(CDU, Club der Ungeküssten[139])’이라는 의미의 CDU 그룹에 이미(?) 속했었다고 농담을 한다.[140] 아무튼 인구 2만 명의 작은 도시 템플린에서 그녀는 공부에만 집중했던 전형적인 모범생이었음이 틀림없다. 사실

인지는 모르겠지만, 라이프찌히 대학에서 공부했던 작가 알렉산더 오상(Alexander Osang)은 어느 순간부터 템플린은 그녀에게 지루한 도시가 되었다고 전한다.[141] 그곳엔 연극무대도 없고 길거리 카페에는 담배 피우는 여자애들뿐이었으며 그들은 주말에 댄스홀을 찾는 것이 유일한 즐거움처럼 보였지만, 앙겔라는 그렇지 않았다는 것이다. 그녀는 어서 빨리 템플린을 떠나 라이프찌히로 가고 싶어했으며, 라이프찌히는 당시 동독사회가 제공할 수 있는 최고의 도시였다는 것이다.

사실 그녀는 물리학을 그다지 좋아하진 않았지만, "진실은 쉽게 왜곡되지 않는다"는 점에서 물리학을 선택했다.[142] 억압적인 동독 사회에 대한 일종의 반항심을 읽을 수 있는 대목이다. 드디어 라이프찌히 대학에서 공부를 하게 된 그녀는 집을 떠나 독립적으로 활동할 수 있다는 것에 크게 만족한 듯했다. 그녀는 새로운 곳에서 사람들과 어울리는 것을 즐겼다.[143] 그러나 라이프찌히에서의 대학 생활은 무척 달라졌다. 당시 그녀의 대학 생활을 레징은 다음과 같이 서술한다.[144]

'1973년 메르켈이 발트호프(Waldhof)를 떠났을 때, 사회적으로 고립되지 않기 위하여 열심히 노력했기 때문에 더 이상 동독 사회의 이방인이 아니었다. 메르켈은 성경공부 모임에 참여하여 자신의 신앙심을 견고하게 했으며, 성가대원으로 봉사하면서 동시에 '자유청년동맹(FDJ)' 단원이기도 했다. 그리고 친구들과 함께 보트여행을 즐겼으며, 매우 논리적인 대화도 즐겼다. 템플린(Templin)에서는 친구들의 모임을 주도하는 성격이 아니었지만, 라이프찌히에서는 직접 숙성시킨 체리 위스키를 친구들에게 대접하면서 소위 '마담(Bar-

Dame)'이라는 별명까지 얻었다. 친구들과 술자리를 즐기면서 부모로부터의 독립된 자신의 생활을 즐겼던 것이다. 그래서 이때를 인생에서 가장 행복했던 시절이라고 회상하고 있는 것 같다. 라이프찌히 대학 시절은 메르켈 인생에서 가장 자유로운 시절이었을 것이다. 비밀경찰이 계속 감시하고 있었지만 별 관심이 없었다. 그래서 사회주의 체제 아래서 이념적으로 대립되는 두 집단, 기독교 신앙 동아리와 자유청년동맹 사이를 자유롭게 왕래하면서도 전혀 개의치 않았던 것이다.'

바로 이 당시 자유청년동맹(FDJ)에서의 활동으로 인해 그녀는 총리가 된 후에도 구설수에 오르게 된다. 그녀가 조직에서 꽤 활발한 간부로 활동했었다는 것이다. 그러나 그녀는 단호하게 부인한다. 동독에 있을 당시 그 어떤 부끄러운 일에 연루되지 않았을 뿐만 아니라, 그에 따른 어떤 비밀도 없다고 말이다. 그녀는 자유청년동맹에서 단지 문화 행사들을 주관하고 프로그램을 짰던 것이 전부라고 말한다. 다른 특별난 후속담이 없는 것을 보아, 그녀의 당시 진술은 충분한 신빙성이 있는 것으로 보인다.

메르켈이 공부했던 라이프찌히대학은 역사와 전통을 자랑하는 유명한 대학이다. 철학자 니체와 대문호 괴테 그리고 음악가 바그너 등 쟁쟁한 유명인사들 이름이 졸업생 명부에 올라있다. 특히 물리학과는 당대의 두뇌들이 모여드는 곳이었다. 가장 대표적인 인물이 노벨상 수상자인 불확정설 이론의 창시자인 베르너 하이젠베르크(Werner Heisenberg)이다. 입학생 70명 중에 여학생은 단 일곱 명이었다. 대학시절에 그녀는 교환 학생 자격으로 소련에 가게 되었고 러시아의 물리학과 학생들이 있는 레닌그라드와 모스크바를 방문했다.[145] 그리고 그 여행에 동행했던, 같은 과의 꽤 과묵한 남학생 울리히 메르켈(Ulich Merkel)을 만나 연애를 하게 된다. 울리히는 앙겔라보다 한 살 위였지만 군대에 다녀오느라 1년 늦게 입학한 것이다.

그 둘은 그렇게 가까워져 1977년에 가족이 사는 템플린의 교회에서 결혼을 한다. 그리고 그는 그녀가 메르켈이라는 자신의 성을 평생 사용하게 될 줄은 전혀 생각지 못했을 것이다. 아무튼 23살의 나이이기에 다소 이른 감이 있지만, 당시 동독의 사회 분위기로는 매우 정상적이라 할 수 있다. 알렉산더 오상(A. Osang)은 그녀가 울리히를 사랑해서 결혼한 것이 아니라, 그냥 다들 결혼하기 때문이었다고 표현했다.[146] 결혼하면 주택이 공급되는 장점이 있긴 하지만, 그의 언급은 사실이 아니다. 결국 그녀는 4년 뒤 이혼을 하고 말았지만, 그녀는 오히려 다음과 같이 담담하게 지난날을 돌아보았다.[147]

'저와 울리히는 자연스럽게 사랑하는 사이가 되었습니다. 우리는 행복한 공동의 미래를 꿈꾸었습니다. 그러나 당시 동독 사회에서 기혼자는 직장 근처에 위치한 사택에서만 살 수 있었습니다. 자유롭게 살기를 원했던 저는 이 문제로 울리히와 갈등을 자주 일으켰으며, 그래서 우리의 결혼 생활은 단축되었던 것입니다.'

동급생 울리히의 시선에 처음 그녀가 들어온 것은, 그녀가 학생들이 찾는 칵테일 바 '목마른 페가수스(Thirsty Pegasus)'에서 바텐더로 알바를 할 때부터였다.[148] 둘은 함께 영화나 연극을 보러 가고 여행도 다녔다. 당시 라이프찌히 시절이 그들에겐 근심 걱정이 없던 좋은 시절이었다고 공히 기억한다. 그렇게 만난 지 2년 후인 1976년부터 둘은 작은 아파트를 구해 함께 살게 되었다. 다른 두 커플과 화장실 하나를 공유해야 하는, 그리 좋다고 할 수 없는 집이었지만 집세가 20 마르크로 싼 집이었다. 당시 대학생들은 학비가 무료인데다가, 국가로부터 매월 190 마르크의 급료를 받는 상황이었다.[149]

그러다 1년 후인 1977년 두 사람은 앙겔라의 고향인 템플린교회에서 아버지 후배 목사의 주례로 결혼한다. 물론 두 사람은 서로 사랑해서 결혼했지만, 메르켈은 당시를 떠올리며 다소의 회한도 밝힌다.[150] "우리는 미래를 함께 한다는 사실만 생각했지만 동독에서는 결혼을 일찍 하는 분위기였습니다. 결혼하면 집을 구하기가 쉬웠거든요. 그래서 서로를 알아가기에 충분한 시간을 갖지 못했습니다. 요즘 사람들은 좀 더 시간을 두고 결혼하더군요." 그러나 울리히는 "물론 사랑했죠"라고 훨씬 단호하게 대답했다.[151] 두 사람은 졸업반이었기에 신혼여행은 길게 떠날 상황이 아니었다. 졸업 시험도 힘들었지만, 앙겔라에게 더 어려운 것은 체력 테스트였다. 특히 100m 달리기는 그녀의 진을 빼놓았지만, 그녀의 핵물리학에 관한 논문은 상당히 뛰어나서 영어권 과학 학술지인 〈화학물리학, Chemical Physics〉에 발표될 정도였다.

앙겔라와 울리히는 그다지 정치적이지도, 또 언제나 당의 강령을 따르는 체제 순응주의자도 아니었다고 크보트럽은 강조한다.[152] 당시 그들은 정치 철학자 루돌프 바로(Rudolf Bahro, 1935-1997)의 책에 심취해 있었는데 〈대안, die Alternative〉이라는 책이었다.[153] 좌파 사회주의적 관점으로 동독 체제를 비판한 책으로 '공산주의 운동은 인류의 근본적 문제를 해결하고 존재론적 의문에 대한 답을 찾겠다는 약속으로 시작되었다. 사회주의를 자처하는 나라는 공산주의를 따르지만 실제 문제를 들여다보면 전혀 다른 이야기가 펼쳐진다.' 라고 시작된다. 그는 책이 출판되자마자 곧바로 슈타지에 체포되었고 재판에서 30년형을 받았으며, 결국 서독으로 추방되었다. 그러나 그의 책은 암암리에 퍼져 나가 순식간에 베스트셀러가 되었다. 그런 책은 소지하는 것만으로도 가혹한 처벌을 받을 수밖에 없는데, 그녀는 "친구들과 나는 〈대안〉을 과학적으로 분석하며 읽었습니다. 우리는 몇 날 밤에 걸쳐 모든 장에 대해 토론했었지요."라며 당당해 했다.

앙겔라 메르켈이 당시 슈타지와 직접적인 접촉이 있었던 것은 1978년이 처음이었다. 당시 그녀는 라이프찌히 대학을 마치고 튀링겐(Thüringen) 주에 있는 일메나우 공과대학(Technischen Hochschule Ilmenau)의 과학 조교수 자리에 지원했을 때였다. 인터뷰를 마치고 여행 경비를 청구하는 사무실로 안내된 줄 알았는데, 그곳에는 슈타지의 요원들이 그녀를 기다리고 있었다. 그들은 그녀에게 조교수직을 허락하는 대신, 슈타지의 요원이 되어달라는 요구를 했다. 그녀는 재빨리 그런 일에 전혀 관심이 없음을 분명히 했다. 그녀는 자신이 입단속을 잘 못해 다른 사람에게 비밀을 털어 놓지 않을 수 없는 성격이라는 이유로 그들의 제안을 거절했다고 한다.[154] 그것은 어릴 적부터 템플린 집에서 부모님들이 이런 상황을 염두에 두고 대응책으로 준비시켰던 것이다.[155] 공부만 잘했지 도저히 자기 관리가 되지 않는 철없는 사람으로 생각하게 만들었던 것이다. 총리가 된 후, 독일 제일공영방송(ARD)에서 밝힌 과거 동독에서의 슈타지 일들을 회상하며, 그녀는 자신과 그녀의 친구들이 전 세계에서 가장 효과적이고 억압적인 정보기관 중의 하나인 슈타지와 어떻게 살았는지도 소개했다. 펍에 가서 앉으면 먼저 램프를 두드리며 '여기 마이크 들어있으면 이제 켜세요!'라고 그들을 먼저 흔들어 놓았다며, 슈타지로 하여금 당신을 미치게(crazy) 만들지 않도록 하는 것이 중요하다고 말했다.[156]

일메나우에서의 취업이 물 건너가자 두 사람은 베를린에서 자리를 얻었다. 울리히는 과학중앙연구소에, 그리고 그녀는 물리화학중앙연구소였다. 그리고 운이 좋게도 베를린 장벽에서 멀지 않은 마리엔가(Marienstrasse)에 아파트도 얻었다. 두 사람은 열심히 일을 했으며, 또 바빴다. 그러나 베를린으로 옮겨온 뒤 두 사람 사이에 뭔가 달라졌으며, 그것은 함께 일하는 동료들도 눈치챘을 정도라고 슈마허는 지적했다.[157] 앙겔라가 혼자서 다른 동구권 국가로 출장이나 여행을 떠나고, 울리히는 연구실에서 지내는 일이 많아진 것이다. 그렇다고 말다툼이 있거나 고함소리가 있지도 않았으며, 그저 남처럼 사는 것 같았다고 했다.

그러던 1981년 어느 겨울날 아침, 그녀는 짐을 싸서 친구이자 상사인 한스-요르그 오스텐(Hans-Jörg Osten)의 집에 나타났다.[158] "그녀는 저희 집 문간에 서서 '더 이상 참을 수 없어서 집을 나와 버렸어. 이혼을 하려고 해. 잠시 너희 집에 머물러도 될까?'라고 말했습니다." 그렇게 약 2년 만의 결혼생활을 끝내고 친구 집 소파에서 그녀의 별거생활이 시작되었다. 어떻게 된 일인지, 당시 상황을 울리히 메르켈(Ulich Merkel)은 다음과 같이 기억한다.[159]

'어느 날 갑자기 그녀가 짐을 싸 함께 살던 아파트를 떠났습니다. 그녀는 가능한 모든 결과를 가늠해보고 장단점을 분석했습니다. 우리는 웃으며 헤어졌습니다. 우리 둘 다 재정적으로 독립되어 있었으니 나눌 것도 많지 않았습니다. 그녀는 세탁기를 가져가고 나는 가구를 받았습니다. 그중 몇 가지는 아직까지 사용하고 있지요.'

당시 그녀의 친구들은 그녀가 살 집을 구하기 위해 백방으로 노력했으며, 동독 체제를 비판했다는 이유로 가택 연금 상태에 있던 화학자 로베르트 하버만(Robert Havemann, 1910-1982)의 아들 우츠(Utz)가 낡은 집 하나를 발견한다. 앙겔라는 아파트를 보고는 친구 몇 명을 데리고 와서 전기 드릴로 자물쇠를 부수고 문을 열고는 황폐한 아파트를 꾸미기 시작했다고 크보트럽는 전한다.[160] 원칙적으로 모든 집이 국가 소유인 동독에서 정부 관리가 부실한 빈 집에 허락도 받지 않고 들어가, 대충 수리하고 살게 된 것이다. 한마디로 불법 점유였던 셈이다. 그런데 친구 우츠(Utz)가 어떻게 처리했는지, 그 후 앙겔라는 정식으로 관청에 이주 신고를 했다.[161] 이젠 불법이 아니다. 그녀가 2년 후, 프렌츠라우어베르크(Frenzlauerberg)에 있는 집다운 공간을 구할 때까지 그녀는 그곳에서 혼자 살았다.

아무튼 그녀는 울리히와 헤어지고 혼자 살게 되면서 연구소 일조차 큰 흥미를 못 느끼고 있었다. 비록 명문대학 물리학과를 최우등 성적으로 졸업했고 또 졸업논문이 유명 저널에 실릴 정도의 탁월한 연구원이었지만, 그녀의 월급은 70년대 노동자 평균 임금인 1,000에 훨씬 못 미치는 650 마르크였다. 한때는 템플린과 라이프찌히를 거치며 이름만 대도 다 알 수 있을 천재 소녀였지만, 지금은 이혼녀에 불법 점거한 아파트에서 체제에 대한 불만이나 털어놓는 외로운 늑대처럼 스스로를 한심하게 느꼈을지도 모르겠다. 학문 연구라도 마음껏 해볼 수 있는 환경이었으면 좋았을텐데 서구 과학자들과의 긴밀한 협력이 불가능했으니, 아마도 이 때가 그녀의 일생에서 심정적으로 제일 힘든 시기였을 것이다.[162] "앞으로 25년 간 쥐꼬리만 한 예산으로 과학 연구를 계속할 거라는 전망은 그리 매력적이지 않았습니다." 그래서 그런지 그녀는 여행을 많이 다녔다. 그나마 동구권 여행은 허락되어 그녀는 기회만 되면 배낭을 메고 떠났다. 친구들과 러시아 남부를 관통하여 아르메니아, 그루지야, 아제르바이젠을 여행했다. 트빌리시에서는 역에서 노숙도 했다. 가는 곳마다 독보적인 그녀의 러시아어 실력이 유용했다.[163] 물론 친구이자 직장 상사였던 오스텐(Hans-Jörg Osten) 같은, 그녀에 대한 감시 임무를 맡은 슈타지 비공식 요원들이 그녀의 주위를 늘 주시했다.[164]

베를린 템플린가의 좀 나은 아파트로 이사한 뒤, 어느 날 큰 딸의 독신생활이 염려되어 올라오셨던 아버지는 얼굴에 실망하신 빛이 역력했다.[165] "오래 살 생각은 아니겠지?" 아버지의 짧은 이 한마디에 앙겔라는 자존심이 많이 상했다고 했다. 하지만 누구보다도 믿고 기대했던 자신의 딸이 이혼을 하고 혼자 사는 모습을 보며 어느 아버지인들 편할 수 있었겠는가?

Snapshot #6

앙겔라 메르켈이 강력하게 추천하는 영화 : 〈파울과 파울라의 전설〉 (Die Legende von Paul und Paula)

울리히 플렌츠도르프(Ulrich Plenzdorf)가 쓴 동명의 소설을 하이너 카로프(Heiner Carow)에 의해 1973년 동독에서 제작된 영화이다. 당시 인구 1,700만 명인 동독에서 300만 명 이상의 관객을 끌어들인 히트작이다. 이 영화가 개인의 사적인 삶과 팝문화 요소뿐 아니라 성적인 문제를 비교적 자유롭게 드러냈다는 점에서 동독에서 제작된 최초의 컬트 영화이다. 이 영화의 주제 음악에 해당하는 '그녀에게로 가라(Geht zu ihr)'와 '사람이 살게 되면(Wenn ein Mensch lebt)'은 동독에서 팝음악이 된다.

이 영화는 파울과 파울라의 일상적 삶을 보여 주면서 시작한다. 파울은 결혼을 했지만 베를린에서 불행한 삶을 살고 있고, 그의 집에서 마주보는 곳에는 대형 슈퍼마켓의 판매원인 파울라가 두 자녀와 함께 남편 없이 살고 있다. 지루한 삶을 살고 있는 두 사람은 유흥지에서 만난 사람과 각각 결혼하고 자녀를 출산하지만 또다시 불륜으로 가정생활에 어려움을 당한다. 지하실 바의 '댄스 시퀀스'에서 우연히 만나게 된 그들은 첫 만남부터 격정적으로 사랑하게 된다. 파울라는 그에게서 행복감을 느낀다. 하지만 파울은 그녀와의 관계에서 즐거움을 느끼면서도 자신의 결혼생활을 유지하고 자신이 쌓아올린 사회적 경력을 보호하기 위하여 그녀와 거리를 둔다. 이 시퀀스는 '계급과 계층이 없는 사회'인 동독에서 사회적 계급에 차이를 보인다는 점에서 뿐 아니라, 주인공 파울의 출세 지상주의를 드러내고 있다는 점에서 동독에서 비판을 받는 부분이다.

베토벤의 바이올린 음악이 연주되는 야외 음악회 시퀀스에서 파울을 소유하고자하는 파울라의 부분적인 환상이 관객을 사로잡는다. 이어지는 시퀀스에서는 관객에게 보이지만 술에 취한 파울에게는 보이지 않는 동독의 관리들이 뮤지션으로 나타나는, 이는 동독에서 편재하고 있는 감시체계를 초현실주의적으로 강하게 암시하고 있다. 곧이어 배를 타고 가는 환상 장면이 나오면서 두 사람의 선상 결혼식이 진행되는데, 이 영화는 동독의 '첫 번째 사회주의자의 러브 스토리'라고 할 수 있다. 두 사람은 부부가 되고 그녀는 임신하게 된다. 파울라가 건강상의 이유로 세 번째 아이를 출산할 수 없다는 의사의 진단을 받았음에도 불구하고 그녀는 출산을 시도하다가 죽음을 맞이한다.

동독에서 1970년대 이미 컬트 영화가 된 〈파울과 파울라의 전설〉은 1990년대 독일 통일 이후 '전환기 영화(Wendefilm)'에서 나타나는 동독에 대한 향수, 즉 '오스탈기(Ostalgie)'의 출발점이 된다.

– 피종호,
『동독 영화: 생성과 붕괴, 그리고 영향사』
(서울: 사곰, 2016), 265–268.

제7장

가난, 장벽을 무너뜨리다[166]

우리는 사회주의라는
성공할 수 없는 실험에 함께 참여해 봤잖아요.
– 앙겔라 메르켈, 2012

아이제하워(D. Eisenhower)에서부터 레이건(R. Reagan)까지 미국 대통령들의 연설문을 담당했던 제임스 흄(James Humes)은 그의 저서 『Churchill: The Prophetic Statesman』에서 윈스턴 처칠(1874–1965) 수상의 뛰어난 예언 능력을 소개했다. 처칠은 제1차 세계대전이 시작되기 25년 전에 이미 전쟁 발발을 예측했었으며, 핵무기와 히틀러의 실제 등장을 20년 전에 언급했다.[167] 처칠은 그만큼 역사적인 식견과 안목이 매우 탁월한 국가지도자였던 것이다. 그런 그가 1953년 새해 첫 날, 자신의 개인비서 존 콜빌(John Colville) 경에게 "자네가 정상적인 수명대로만 산다면, 죽기 전에 동구권 국가들이 공산주의로부터 해방되는 것을 볼 수 있을 걸세"라고 예언했다.[168] 이때는 스탈린이 죽기 8년 전이었으며, 실제로 콜빌은 1987년에 죽었고 그때 소련의 붕괴는 이미 시작되었으며 동구권 국가들 중에서 민주화가 가장 늦었던 동독의 베를린 장벽도 2년 후 무너졌다.

1945년 2월 얄타에서, 스탈린을 만만한 인물로 착각했던 플랭크린 루스벨트(Franklin D. Roosevelt, 1882-1945)와 달리 처칠 수상은 독일이 망했으니 이제부턴 소련이 문제라고 토로했다. 그는 스탈린을 히틀러 못지않은 독재자로 평가했으며, 이미 그의 속셈을 예상하고 있었던 것이다. 그의 예상대로 소련은 동구권 일대에 처칠이 명명한 '철의 장막(the iron curtain)'을 두르고, 세상은 이제 '냉전(Cold-war)' 시대로 접어들었던 것이다. 1945년 영국 하원에서 "자본주의 고유의 악은 풍요의 불공정한 분배이고 사회주의 고유의 악은 빈곤의 공정한 분배이다"[169] 라고 설파했던 그는, 1948년에도 "사회주의는 실패의 철학이며 무식함의 신앙 고백이고 시기심으로 점철된 찬송가이다"라며 사회주의의 허구를 정확하게 짚어냈다.[170]

그런데 사실 처칠보다 훨씬 앞서 사회주의가 도저히 작동될 수 없는 시스템임을 정확하게 짚었던 인물이 있었다. 바로 영국의 철학자 존 슈트어트 밀(John Stuart Mill, 1806-1873)이다. 그는 소련이 무너지기 150년 전인 1870년대 초에 이미 사회주의 국가가 건설되더라도, 인간들의 낮은 윤리 수준 때문에 생산성 하락과 권력 투쟁이 발생하고 개인의 자유가 억압되어 결국 망하게 될 것이라고 예언했다.[171] 김상민은 모두가 잘 사는 나라를 만들자는 사회주의자들의 순진한 생각의 문제점은 그렇게 해서는 일부 특권층의 부패와 산업의 붕괴를 피할 수

없다며 다음과 같이 설명했다.[172]

'사회주의자들은 '경제 권력의 평등화'를 도모했다. '돈이 곧 권력'이므로 '부의 거대한 불평등'이 정치적 불평등으로 이어질 수 있다는 시각을 갖고, 부의 창출보다는 부의 분배에 집중했다. 그들은 토지와 공장 등 생산 수단을 공유하고 협동으로 생산하는 체제 건설을 시도했다. 경쟁 사회가 아니라 협동 사회를 통해서 불평등과 격차를 바로잡자는 의도였다. 의도는 좋았으나 결과는 참담한 실패였다. 사회주의는 자유를 억압하고 경제를 망가뜨렸다 … 사회주의 체제를 택한 나라들을 보면 극히 일부 지배층만 대대로 특권을 누렸고, 나머지 사람들 대부분은 불행한 삶을 보내야 했다. 자본주의가 소득을 기준으로 한 계층사회라면, 사회주의는 권력을 기준으로 한 계급 사회가 되었다. 왜 그러한 일이 벌어졌을까?

'모두가 잘 사는 세상'을 꿈꾼 사회주의자들은 경제 권력에 대한 통제를 꿈꿨다. 문제는 그렇게 해서 경제는 발전하지 않는다는 것. 프랑스 심리학자인 귀스타브 르봉은 1896년 출간한 〈사회주의 심리학〉에서 다음과 같이 진단했다. "사회주의는 핍박 없는 모두가 잘사는 평등 사회를 주창하지만, 사회 발전 원동력인 개인의 자유와 창의력을 억압하기 때문에 결국 핍박과 빈곤을 낳게 된다." 르봉의 진단 이후 21년만인 1917년 세계 최초의 사회주의 국가인 소련이 탄생했고, 소련을 포함해 사회주의 국가들은 결국 르봉의 예언을 현실화시켰다. 사회주의 국가들은 예외 없이 빈곤한 계급 사회가 됐다.'

1979년 당시 동독의 1인당 국민소득(GNP)이 영국보다 앞선 세계 12위라고 세계은행(World Bank)이 발표했다. 해외 시장에 변변한 상품 하나 제대로 내놓지 못하는 동독의 산업 수준이었기에 이 자료가 나오자 서구에서는 난리가 났다. 좌경 관측통들은 동독의 사회주의가 서방 세계를 앞질렀다고 난리를 쳤다. 그러나 동독의 실상을 잘 아는 학자들에게 있어서는 동독 SED의 공식 통계를 근거로 만들어진 그런 랭킹은 그저 우스개 숫자놀음이었다고 데니스 바크는 지적했다.[173] 1970년대 수정주의의 유혹에 잠시 빠졌던 영국의 동독 전문가 데이빗 차일즈(David Childs)도 "동독에서 나오는 소비재 제품 어느 것 하나 영국에서 공급되는 물건들을 따라 갈 수가 없다 … 동독의 주택 기준은 영국에 비해 너무나 열악하다."고 지적했다.[174]

석유를 팔아 근근이 버티던 소련 경제가 1979년부터 유가 하락의 직격탄을 맞게 되었다. 게다가 의미없는 아프가니스탄 전쟁(1979-1989)에 매년 수십 억 달러를 쏟아붓고 있던 소련에 이상 징후들이 나타나기 시작한다. 전기 공급이 갑자기 끊기고, 버터를 사기 위해 수십 미터의 줄을 서야 했으며, 빵을 사려는 줄이 일주일 내내 사라지질 않았다. 초강대국이던 소련이 국방비로 지나친 출혈을 한 것도 있지만, 마치 우주선은 만들면서 트럭 하나 제대로 생산해 내지 못하는 우스운 상황이 전개되기 시작한 것이라고 마크는 지적한다.[175] 폴란드와 헝가리 같은 위성 국가들은 효율적으로 운영되는 사기업들이라도 있어 그나마 유지되었으나, 소련은 급격히 무너지기 시작했다. 1986년 4월 26일의 체르노빌 원자로 폭발 사건은 이미 그로기 상태에 빠

져있던 소련 경제에 가해진 결정타가 되었다. 백승구는 당시 상황을 다음과 같이 정리했다.[176]

1985년 집권한 소련의 고르바초프는 계획 경제의 한계에 직면하면서 서방과의 대립에서 탈피, 개혁 개방에 나설 수밖에 없었다. 고르바초프가 브레즈네프 독트린(1968년 8월 브 레즈네프가 소련의 체코 무력침공을 정당화하기 위해 발표한 선언으로 동구권 전체의 이익을 위해서는 특정 국가의 주권을 제한할 수 있다는 내용)을 폐기하자, 폴란드 · 헝가리 · 체코 등 동유럽국가에서 대대적인 개혁과 민주화 운동이 일어났다. 고르바초프는 동독 지도부에도 개혁을 요구하며 동독에서 시위가 일어나더라도 소련이 개입하지 않을 것이라는 뜻을 전했다. 동독 지도부는 외교적 고립과 무능함을 드러내며 주민들의 개혁 요구를 받아들일 수밖에 없었다. 체제 붕괴는 시간 문제였다.

소련의 체제 붕괴 전, 약 10년간 그곳에서 상사주재원으로 근무했던 권석하는 당시 소련의 애주가들이 보드카를 마시며 나누던 '사회주의 6대 모순'을 소개한다.[177]

1. 모두 월급을 받는데도 불구하고 아무도 일하지 않는다.
2. 아무도 일을 안 하는데 생산 목표는 항상 초과 달성한다.
3. 생산 목표는 초과 달성인데 상점에는 항상 물건이 없다.
4. 상점에는 물건이 하나도 없는데 사람들의 집에는 없는 게 없다.
5. 없는 게 없는데도 불구하고 사람들은 항상 불만에 차 있다.
6. 사람들이 항상 불만에 차 있는데도 투표는 항상 공산당에 대한 100% 찬성으로 나온다.

그러면서 그는 "결국 지상 천국을 만들겠다는 카를 마르크스의 '동일 노동 동일 임금(equal pay for equal work)'과 '각자 능력껏 일하고 필요한

만큼 누린다(From each according to his ability, to each according to his needs)'는 정말 천사들의 목소리 같은 철학이 얼마나 비현실적이고 허황한 주장이었는지 필자의 경험과 소련 역사가 그대로 보여준다"라고 정리했다.[178]

1980년대가 되면서 동독의 경제 사정은 공산당의 공식 기준으로도 현격하게 악화되었다. 바크의 지적대로, 동독은 수출의 호전을 기대했는지 아니면 떼먹어도 되는 공돈이라 생각했는지 모르지만 당시 정부가 대외적으로 진 채무가 70년대부터 계속해서 늘어가고 있었다.[179] 해외 차관이 1981년에는 100억불에 이르렀다. 이는 동독 주민 1인당 600불이 넘는 액수였다. 그럼에도 동독 주민들의 생활 수준이 여타 동구권 국가들에 비하여 눈에 띄게 좋았던 단 하나의 이유는 서독의 경제적 도움 때문이었다. 당시 동독 주민들이 보유한 TV와 냉장고는 소련의 두 배였다.[180] 하지만 정부의 부채는 80년대 중반에 이르자 3,000억 마르크에 달했으며, 해결할 방법이 없었다. 이제 이자조차도 갚지 못할 수준이 되었는데, 그럼에도 서독을 포함한 서방국가들은 동독이 무너질 것이라고는 생각하지 못했었다.[181] 사실 동독의 경제 정책이 꼬이게 된 것은 호네커가 최신 경제 이론에 도취되어, 동독의 상황에 맞지도 않는 첨단 기술 개발에 투자해 낭패를 보았던 전임자의 실수를 그대로 답습했기 때문이다. 그도 울브리히트와 마찬가지로 모스크바의 압력으로 자리에서 물러날 수밖에 없었다.[182]

게다가 동독은 낙후된 산업 시설로 겨우 버티다 보니 환경 파괴가 매우 심각한 수준에 이르고 있었다. 노천 탄광, 강과 바다로 흘러드는 각종 오 · 폐수들, 정화 장치 없이 마구 뿜어대는 공장 굴뚝들, 그리고 체르노빌과 똑같은 수준의 낡은 원자력 발전소 등, 그 위험 요소들이 곳곳에 산재해 있었다. 또 석탄을 주요 연료로 사용하다 보니 모든 건물이 시꺼멓게 그을렸고, 겨울 공기는 너무 나빠서 주민들은 마음 놓고 외출도 할 수가 없는 상황이었다. 바크는 "공산주의의 영향은 사람들의 정신만 망가뜨린 게 아니고, 산업 사회의 물질적 내지 기술적 하부 구조를 망가뜨린 것이다"라고 지적했다.[183] 원자재와 부품의 공급 부족으로 멈춰선 공장들, 대량 실업, 주저 앉아버린 농업 기반, 관리들의 부패와 주민들에게 쌓이는 무력감, 그런 모든 것들이 동독 정부가 그렇게 자랑하던 40년 통제 경제의 결과물이 되고 말았다.[184]

그런데 그 40년 공산당 지배 기간 동안, 동독 밖의 지식인과 학자 및 언론인들에게 동독이 실상보다 더 나은 모습으로 비춰진 것은 참으로 묘한 현상이었다.[185] 독일 내에 소위 동독 전문가 그룹에서, 동독을 서구 민주주의 시각으로 보아서는 제대로 이해할 수 없다는 주장이 있었다. 대표적인 학자가 60~70년대 활동했던 뮌헨대학의 페터 루츠(Peter C. Ludz, 1931-1979) 교수로, 그의 가르침을 받은 제자들이 서독 내 주요 동독 연구기관들에 포진하여 동독에 대한 서독 정부의 정책 입안에 상당한 영향력을 행사하고 있었다. 데니스 바크는 다음과 같이 요약했다.[186]

'루츠는 동독을 이해하는 첩경은 마르크스-레닌주의의 입장에 서서 보는 것부터라고 했다. 그는 동독 같은 공산주의 국가를 외부의 기준, 예를 들어 자유 민주주의의 기준으로 분석하는 것은 공정하지 못하고, 정확할 수도 없으며, 부적합하다고 했다. 그는 그때까지 서독에서 분석 기반으로 삼아 온 동독을 '전체주의 체제라고 보는 관점'에 크게 반발했다. 그 관점은 공산주의 국가의 가장 두드러진 특징을 나찌의 제3 제국처럼 정부가 자기 나라 국민들을 협박하고 폭력과 테러의 대상으로 삼는다고 보는 것이었다.'

아울러 바크는 당시 1969년 사민당(SPD) 정부가 '루츠의 접근 방식'을 받아들이면서, 동독 체제와 슈타지에 대한 폭력성이 일거에 시야에서 사라졌다는 것을 지적한다.[187] 그 대신에 공산당 정부가 경제적으로 공평한 소득 분배 등을 이루어냈고, 사회적으로는 여성의 육아와 취업의 어려움을 해소했다는 등의 제한적인 요소에만 전적으로 귀를 기울이게 되었다는 것이다. 그러나 그들이 언급한 업적들 또한 나중에 통일 후에 보니 동독의 사회주의통합당(SED)이 제공한 홍보자료에만 근거한 엉터리였던 것으로 드러났다.[188] 문제는 이런 부류의 자칭 동독 전문가들의 주장을 액면 그대로 받아들여, 동독이 더 이상 정치 사찰 국가가 아니며, 오히려 그런대로 '잘 돌아가는 구조'로 그 인식이 바뀌게 되었다는 것이다.

그리고 이런 일에는 큰 몫을 하는 언론 매체가 반드시 함께 한다. 동독에 대해 이데올로기적이고 왜곡된 이미지를 심는데 일조를 한 서독의 시사 해설가 페터 벤더(Peter Bender, 1923-2008)의 논지를 바크는 다음과 같이 정리했다.[189]

'동독은 절대 서독을 위협하지 않고 있으며, 다른 나라에 비해 유별나게 억압적인 것도 아니고, 단지 서로 생산적 동반자 관계로 가져갈 수 있고, 그렇게 가져가야 할 대상이라고 주장했다 … 벤더가 볼 때 서독에 대한 진짜 위협이 되는 것은 서독을 반공 냉전 전략에 이용해 먹고 있는, 공격적이고 팽창주의적인 미국이었다. 그리고 그 위협을 제거하기 위해서는 동서독이 힘을 합쳐 동서양 진영 사이의 '교량'이 되어야 한다고 본 것이다. 따라서 이 교량의 한 축이 되는 동독 공산 체계는 유럽 평화의 파수꾼으로서 귀하고 영예로운 역할을 할 것이라는 그의 주장이다.'

많이 들어 본 것 같은 이런 유의 기사를 벤더는 수도 없이 써댔다. 이와 같이 편향된 시각에 대하여 베를린대학의 정치학 교수인 하르무트 예켈(Harmut Jaeckel)은 그의 저서 『우리들의 잘못된 동독 이미지(Unser schiefes DDR-Bild)』에서 통렬하게 비판했다.[190] "마을 지도를 그리면서 어디가 농가이고 어디가 골짜기인지는 그런대로 표시했는지는 몰라도, 마을 전체가 물속에 잠겨 있다는 말은 빠트린 격이다 … 이들은 취업 주부가 많다는 등, 탁아 제도가 잘되어 있다는 등의 괴상한 디테일을 들여다보느라 진짜 중요한 전체적 조망을 놓쳐버렸다." 그러면서 그는 이런 식의 오판을 "단순한 에러라기보다 알면서 일부러 왜곡하거나 이데올로기를 앞세워 의도적으로 거짓말을 한 것은 범죄 사건을 구성하는 것"이라고까지 표현했다.[191]

이제 서방 세계들조차 가만있지 않았다. 먼저 움직인 쪽은 미국이었다. 1963년, 존 F. 케네디가 "나는 베를린 시민입니다(Ich bin ein Berliner!)"라고 외쳐 서독 시민들의 감성을 자극했던 바로 그 베를린에서, 로널드 레이건(Ronald Reagan) 대통령은 "오늘 나는 이렇게 말하겠습니다. 이 문이 닫혀 있는 한, 그리고 이 상처 난 장벽이 그대로 서 있는 한 독일 문제는 독일인들만의 것이 아니고 자유를 희망하는 모든 인류의 문제라고 말입니다. 고르바초프 서기장님, 당신이 평화를 찾고 있다면, 당신이 소련과 동유럽의 번영을 찾고 있다면, 이 문으로 나오시오! 미스터 고르바초프, 이 문을 여시오! 미스터 고르바초프, 이 장벽을 부수시오!(Tear down this wall!)"라고 크레믈린을 향해 다그쳤다. 1986년 6월 12일이었다.[192]

그로부터 약 3년 후인 1989년 5월 2일, 헝가리 국경수비대가 오스트리아와 헝가리 사이의 철조망과 시멘트 기둥을 제거했다. 매우 역사적인 날이다. 동독 주민들로서는 이제 헝가리로 들어가기만 하면 서방세계로 진입할 수 있는 틈이 열렸기 때문이다. 사실 그 해 2월에 있었던 크리스 귀프로이(Chris Gueffroy) 사살 사건은 1972년 이래 일관되게 동독을 파트너로 대우했던 서독의 입장에선 정말이지 곤란한 상황이 아닐 수 없었다.[193] 그때까지 베를린 장벽을 넘어 동독으로 탈출하려다 사살 당한 사람이 1,000여명에 달했다.[194] 본(Bonn) 정부로서는 동독에 돈을 퍼다 부어주면서 동독의 일반 주민들도 먹여 살렸지만, 공산 체제를 공고히 해준 측면이 있기 때문이었다.[195] 게다가 그들 동독의 동료들은 서독으로부터 차관을 받아내는 것에는 열심이면서 차관 제공의 약속을 어기고, 월경자에 대한 발포 명령을 중지시키지도 않으며 또 교회도 계속해서 탄압하고 있었기 때문이다. 이에 대하여 키친(M. Kitchen)은 다음과 같이 부연한다.[196]

동독 정부는 반정부 세력에 동조해 온 동독의 교회를 철저히 감시했으며 교회에 다니는 신자들을 자주 체포했다. 또 그들은 특히 서독에서 활동하고 있는 국제 테러조직에게 은신처를 제공했을 뿐만 아니라 그들을 훈련시키기도 했다. 헬무트 콜(Helmut Kohl) 수상은 감옥과 강제 수용소가 가득 찬 전체주의 국가라고 동독을 비난했다.

사민당의 전임자들과 달리 상당히 강경한 발언이 헬무트 콜(총리 재위, 1982-1998)의 입에서 나왔다. 그는 전임자들의 동방 정책 기조는 따랐지만, 분명한 상호주의에 입각해 받아낼 것은 분명히 받아내야겠다는 입장이었다. 결국 동독의 반정부 단체들의 움직임도 활발해졌다. 동독에서는 원래 조직적 형태의 민주화 운동을 구경한지가 꽤 오래 되었다. 슈타지의 활동이 거세지면서 웬만한 사람들은 모두 잡아넣거나 서독으로 쫓아냈기 때문이었다. 1989년 7월이 되자 그때까지 시키는 대로만 움직이는데 익숙해 있던 주민들 속에서 지식인과 예술인들을 중심으로 움직임이 있었다. 이제 베를린과 라이프치히 등의 교회 같은 곳에서 사람들이 모여들기 시작한 것이다. 8월이 되면서는 이들 지식인(Bildungsbürgertum)들이 자신들의 실명을 공개하며 단체의 이름으로 반정부 운동을 시작하게 되었다. 노이에스 포룸(Neues Forum)이다. 그리고 그날 발표한 선언문이 동서독의 통일로 가는 첫 걸음이 되었던 것도 사실이다.

1989년 8월 9일, 헝가리 당국은 오스트리아로 탈출하려다 붙잡힌 동독 주민들을 동독으로 강제 송환하지 않을 것이고, 그들의 여권에

스탬프도 찍지 않을 것이라고 발표했다. 이 소식이 전해지자, 점점 더 많은 사람들이 헝가리로 넘어오기 시작했다. 부다페스트의 독일 대사관은 완전 인산인해로 발 디딜 틈도 없이 꽉 들어찼다. 동독 정부는 당장 그들을 본국으로 돌려보내라고 난리를 쳤다. 그 와중에 슈타지는 또 잠입하여 일부 주민들을 잡아가는 바람에 헝가리 정부와 신경전을 벌이기도 했다.[197] 외교 라인을 통해 항의하는 동독 대사에게 헝가리 외무장관 귤라 호른(Gyula Horn)은 "날 협박하지 마시오. 당신네 국민들이 집으로 돌아가지 않는 게 우리 잘못은 아니지 않소!"라고 맞받아쳤다.[198]

작가 페터 슈나이더(Peter Schneider)는 1989년 장벽이 무너지고 동독의 사회주의 체제가 몰락하는 과정을 지켜보며 긴 시간 동안 지식인들을 매료시켰던 한 체제의 실험이 끝났음과 긴 시간 그로 인해 겪어야 했던 수많은 고통들을 떠올리며, 슬픈 역사의 아이러니를 다음과 같이 묘사한다.[199]

'1989년이라는 분기점은 1945년에 견주어 볼 수 있는데, 지성사적으로는 오히려 더 중요한 의미를 갖는다. 1945년에는 인간에 대한 혐오와 인종주의의 산물이었던 엉터리 사상 체계가 마침내 무릎을 꿇었다. 1989년이라는 역사적 전환점에는 다른 특징이 있다. 오랜 세월 동안 제일 잘 나고 머리 좋다는 사람들을 매료해오던 유토피아의 정치적 화신이 마침내 사망한 것이다. 대략 2억 5천만 명에 달하는 사람들을 끌어들여, 70년이나 이어온 사회적 대실험이 실패를 거듭한 끝에 이제 강제로 중단되기에 이른 것이다. 이는 지오르다노 브루노(Giordano Bruno)와 갈릴레오 갈릴레이(Galileo Galilei)의 발견에 뒤따른 기독교 중세시대의 종말이라는 사회적 대변혁에 버금가는 획기적 사건이다.'

장벽이 무너지던 날, 베를린의 광경을 데니스 바크는 다음과 같이 묘사한다.[200] "경찰 추산 수십만의 동베를린 시민들이 금, 토, 일요일까지 사흘 간 서베를린으로 건너왔다. 교회의 종이 울리고, 오래 헤어져 있던 친구와 가족들이 기쁨의 눈물을 흘렸다. 생면부지인 사람도 건너온 사람의 손에 돈을 억지로 쥐어주는가 하면, 가고 싶은 데는 어디라도 실어다 주었다." 통일된 독일을 바라보며 바크는 세익스피어의 〈한 여름밤의 꿈(A Midsummer Night's Dream)〉을 떠올렸다. 40년 동독의 비전은 1989년 11월 어느 날 밤 일장춘몽이 되어 사라져버렸다는 것이다. 그리고 그는 다음과 같이 의미 깊은 말을 덧붙인다.[201] "공포와 억압 그리고 망가져버린 삶들의 형언할 수 없는 비극은 도이치 공산주의가 역사에 바친 제물이었다."

역사가 폴 존슨(Paul Johnson)은 2차 대전 후 동구권과 너무도 다르게 전개된 서부 유럽의 상황을 "철의 장막 서쪽과 남쪽에 사는 약 3억의 유럽인들은 35년 동안 민주주의의 틀 안에서, 그리고 법치 아래서 상대적인 풍요의 결실을 얻었다. 그 과정은 인류 역사에서 가장 주목할 만한 일이다"라고 역설했다.[202] 지금 이 시간에도 동독보다 수십 배는 더 열악한 환경에서, 눈물을 삼키고 있을 북녘 땅의 동포들을 떠올려 본다. 독일은 40년 만에 그래도 정상으로 돌아왔는데, 이 한반도의 불행은 70년이 지나서도 사라지지 않고 있으니 말이다. 한반도의 올바른 통일을 위해 모두가 힘을 모아야겠다. 통독 당시 독일 공사로 재직했으며, 오랫동안 독일 통일 주제를 연구해왔던 염돈재는 독일의 통일에 관하여 한국에 잘못 알려진 사실 하나를 지적한다.[203]

'서독이 사민당(SPD)의 브란트 수상의 동방 정책 이후 동독과 적극적인 교류 · 협력을 해온 것이 통일의 원동력이 되었다고 생각하는 사람들이 많다 … 그래서 우리가 선의를 갖고 먼저 북한을 지원하고 북한의 안정과 발전을 도우면 북한도 변하여 한반도의 평화와 통일의 길이 열릴 것이라고 생각해 왔다. 그리고 독일의 통일이 서독 기민당(CDU) 정부의 '힘의 우위(Politik der Stärke)' 노선이 이룬 성과라는 점, 동독 혁명 시 서독 정부가 사민당(SPD)의 '접근을 통한 변화(Wandel durch Annäherung)'에 근거한 화해 · 협력 노선을 따랐다면 독일통일이 불가능했을 것이라는 점을 잊은 채 지내오고 있다.'

독일의 통일은 정상 회담을 통해서 얻어진 것도 아니고, 동서독이 화해하고 협력해서 얻어진 것도 아니라는 것이다. 동독의 공산 정권이 주민들의 시위로 무너지고, 동독 국민들이 서독 연방에의 가입을 원했기 때문이다.[204] 그리고 그 밑거름이 되었던 소련의 와해도 결국은 레이건 대통령의 '힘의 우위' 정책이 이룬 성과라는 것이다. 그러면서 염돈재는 일부에서 제기하고 있는 '선 북한경제 회생, 후 통일'이라는 주장에 대해서도 동의하지 않는다. 왜냐하면 부패한 북한 사회주의 독재 체제 하에서는 통일에 도움이 될 만한 수준의 경제 발전을 이룬다는 것이 사실상 불가능하기 때문이다. 그것보다는 우리의 경제 기반을 더욱 강화하고 재정의 건전성과 탄력성을 높여 나가는

일이 훨씬 더 현실적인 방책이 될 것이라고 그는 강조한다.[205]

2012년 4월 앙겔라 메르켈은 그녀가 동베를린의 연구원으로 활동하던 당시, 공동 연구 때문에 가끔 찾아갔던 체코 프라하의 헤이로프스키연구소(Heyrovsky Institute of Physical Chemistry)의 루돌프 차라드닉(Rudolf Zahradnik) 교수를 다시 만났다. 어느새 약 30여 년의 시간이 흘렀다. 그녀는 당시 심한 연착으로 악명이 높았던 베를린-프라하 간의 기차 운행에 대하여 투덜대는 자신에게 아버지처럼 자상하게 응대해주었던 옛 스승의 말을 회상했다.[206]

'잘 알다시피, 우리는 사회주의라는 성공할 수 없는 실험에 함께 참여해 봤잖아요. 우리가 이미 알고 있는 것을 다른 사람들은 아직 모르는 거예요.'

Snapshot #7

고르바초프, 우리를 구해주십시오!

1989년 10월 7일, 베를린에서 동독 건국 40주년 기념식이 성대하게 열렸다. 당시 70세였던 늙고 병든 호네커 앞에서 군인들이 마지막으로 행진했다. 그날 저녁, 끝없는 횃불 행렬이 운터 데어 린넨(Unter der Linen) 거리를 뒤덮었다. 건국 기념식에 귀빈으로 참석했던 고르바초프는 훗날 회고록에서 "군악대가 연주했고, 북소리가 요란했다. 탐조등이 사방에서 번쩍거렸다. 횃불이 밝혀졌을 때 수많은 젊은 얼굴이 보였다. 그보다 인상적인 때가 또 있었을까? 나중에 들은 것이지만, 행진에 참여한 사람들은 엄격한 기준 하에 선별된 사람들이었다"고 말했다.

당에서 선별한 젊은이들이 전통적인 방식으로 초상화와 붉은 깃발을 들고 공산당 지도자들 앞을 행진할 때 갑자기 "페레스트로이카! 고르바초프! 우리를 구해주십시오!"라는 구호가 터져 나왔다. 그때 폴란드 당서기 미에치스와프 라코프스키가 고르바초프를 돌아보며 떨리는 목소리로 말했다. "미하일 세르게이비치 동지, 저들이 뭐라고 외치는지 들리십니까? '고르바초프, 우리를 구해주십시오!'라고 소리치고 있습니다. 저들이 당의 행동대원들입니다. 이제 끝났습니다!"

얼마 후에는 트렙토 공원에 있는 소련전쟁 기념물 앞에서 똑같은 일이 벌어졌다. 수천 명의 젊은이가 소련 지도자 고르바초프를 보기 위해 모여들었고 "고르바초프, 우리를 구해주십시오!" 라고 소리쳤다. 시위가 끝난 후, 고르바초프는 동독의 공산당 지도자들에게 변하지 않으면 치명적인 결과를 낳을 것이라고 말하며 "정치에서는 너무 늦으면 목숨으로 죄값을 치러야 할거요!" 라고 경고했다.

– Geert Mak, In Europa: Reizen door de twintigste eeuw
(Amsterdam: Uitgeverij Atlas, 2004);
강주헌 역, 『유럽사 산책 2-20세기 유럽을 걷다』
(고양시: 도서출판 옥당, 2011), 568-569

제8장

행동 바보

어차피 소용 없잖아요?

– 앙겔라 메르켈

3학년 그러니까 그녀가 10살 때, 앙겔라는 학교 수영 시간에 3미터 높이의 점프대에서 뛰어내려야 했다. 그녀는 45분 동안이나 그곳에서 머뭇거렸다. 뛰어내릴지 말지 수없이 망설이고 망설이다 종이 울리고 나서야 용기를 내어 뛰어내렸다.[207] 이 일화를 두고 앙겔라 메르켈은 우유부단하고 의사 결정이 느리다는 비판이 있다. 그녀는 이에 대해 "나는 항상 나에게 닥칠 일을 미리 알고, 그 위험을 계산할 시간이 필요할 뿐"이라고 말했다.[208] 그런데 사실은 그녀의 반에서 앙겔라가 뛰어내린 유일한 학생이었다. 아무튼 앙겔라는 겁이 많다. 어릴 적 말을 무서워했던 그녀는 성인이 되어 개에게 한 번 물린 이후로는 개 또한 가까이 하지 않는다.[209]

국가적으로 스포츠에 엄청난 공을 들이는 동독사회였지만, 메르켈에게 직접 뛰는 운동은 전혀 감흥이 없었다. 학교 성적은 탑이었지만, 그녀의 운동신경은 아마 반대쪽으로 탑이었던 것 같다. 어릴 적에 앓았던 발달 장애(Entwicklungsstörung) 때문에 그녀는 움직임이 자유롭질 못했다. 본인 스스로도 어릴 시절의 자신을 가리켜 '작은 행동 바보(Ein kleiner Bewegungsidiot)'라고 표현했다.[210] 가족들이 한동안 그녀가 뇌성마비가 아닐까 하고 걱정했을 정도였다고 한다. 뛰거나 계단을 오르는 것조차 실제로 힘들어했기 때문이다. 그런 이유로 어릴 적부터 몸을 움직이기 전에 미리미리 생각해서 모든 절차를 계획한 후에야 행동으로 옮기는 습관이 몸에 배었다. 크리스마스 선물도 몇개월 전부터 어떤 선물을 받을지 미리 정해 놓았다고 한다.[211] "즉흥성이 없는 아쉬움은 있지만 나는 늘 내게 무슨 일이 벌어질지 미리 알고 싶었어요. 깜짝 기쁨보다는 삶을 구성하고 대혼란을 피하는 것이 내게는 더 중요했어요."

앙겔라 메르켈은 '11월의 혁명가'로 불리기도 한다. 11월 9일 베를린 장벽 붕괴 이전에는 반체제 시위에 동참하지 않다가, 그 이후에야 정치계에 등장했기 때문이다.[212] 하지만 모르긴 해도, 그녀는 자신에게 '혁명가'라는 칭호가 붙는 것에 절대 동의하지 않을 것이다. 1978년 그녀가 베를린의 물리화학중앙연구소(ZIPC)로 자리를 옮긴 후부터 그녀는 2주에 한 번씩 수요일 저녁 베켈(Konrad Weckel) 목사가 인도하는 겟세마네 교회(Gethsemane Church)의 기도 모임에 참석했다. 그녀는 이 모임을 소중하게 생각했다고 한다. 약 12-20명 정도의 직장 여성들이 모여 개인적인 문제 및 배우자 문제 그리고 직장 생활과 같은 일상적

인 주제들을 토론하고 기도하는 모임이었다.[213]

1980년대 말이 되어서야 메르켈은 교회를 중심으로 한 반체제 민주화 운동에 참여하기 시작했지만, 뚜렷한 정치적 의도를 가진 것은 아닌 것으로 보인다. 당시 동독 교회의 주된 정치적 화두였던 반전평화운동을 그녀는 적극적으로 지지하지도 않았고, 정치적 토론도 가능한 피하면서 주로 젊은 예술가와 순수한 마음을 지닌 청년들을 중심으로 접촉했다고 레징은 전한다.[214] 메르켈은 이때를 단순히 변화하는 시대의 흐름에 동참해야겠다는 자발적 마음이었음을 여러 차례 강조한다.[215]

'저는 자주 베를린 사마리아 교회(Berliner Samariterkirchengemeind) 담임목사였던 에펠만(Rainer Eppelmann)이 인도한 평화 기도회에 참석했어요. 하지만 단순하게 동독 체제가 변화되어야 한다는 입장을 가지고 참석하는 것이지 그곳을 저의 정치활동의 무대로 생각하지는 않았어요. 결코 반전평화운동, 예를 들어 '쟁기를 쳐서 보습으로'라는 슬로건에 동의한 것은 아니에요. 그럼에도 불구하고 평화 기도회에 참석한 이유는 사회주의 체제에 대한 단순한 거부감 때문이었죠.'

그러다가 1989년 봄에 있었던 지방선거가 동독 민주화 운동의 큰 불씨를 제공한 셈이 되었다. 상당수의 사람들이 SED가 낸 후보에 대한 항의 표시로 백지 투표를 했는데, 늘 그랬던 것처럼 98~99%의 득표율이 나왔던 것이다. 물론 "오늘날의 관점에서 보면, 동독에서 우리가 했던 선거는 한 번도 자유-비밀선거였던 적이 없는 것 같다."라고 호네커의 후계자인 에곤 크렌츠도 시인했다.[216] 사람들은 더 이상 참을 수 없었다. 이 부정 선거에 대한 불만이 더 많은 사람들을 교회로 모이게 했고, 결국 결집시키는 결정적 역할을 한 것이다. 라이프찌히(Leipzig)의 니콜라이 교회(St. Nicholas Church)에서 본격적인 저항이 시작되었다. 원래는 작은 '평화 기도 모임(Friedensgebete)'으로 시작되었는데, 1989년 9월 4일 모임 후 참석자들이 거리로 뛰쳐 나가면서 시작된 '월요 시위(Montagsdemonstarationen)'에서는 처음으로 "슈타지, 물러가라(Stasi, raus!)"를 외쳤다. 슈타지는 교회 안에서 오가는 모든 설교와 기도 그리고 대화 내용까지 도청하면서 목회자들을 협박했다. 또 교회를 포위하고 예배당 안의 좌석을 미리 점거시킬 정도로 대비했던 슈타지는 그러나 이 날만은 서방 기자들의 집중적인 감시로 인해 주민들을 체포하지는 못했다.[217]

그렇다고 그녀가 가만히 아무 말도 없이 있었던 것도 아니다. 동독의 위기가 점점 더 고조되던 1989년 9월 23일이었다. 아버지 카스너 목사가 주최하는 토론회에 참석한 메르켈은 사람들을 깜짝 놀라게 하는 발언을 하게 된다. 그 자리에서 메르켈은 "베를린 장벽을 즉각 철거해야 한다"고 평소 자신이 품고 있던 생각을 토해 버렸다.[218] 물론 그들 가운데 동독 정부에 대하여 비판적인 시각을 가진 사람들이 있긴 했지만, 그렇다고 누구도 그렇게 대놓고 말하지도 않았고, 또 그럴 수도 없었던 때였다. 게다가 이제까지 카스너 목사의 딸 메르켈에 대하여 자신들이 갖고 있었던 이미지가 크게 흔들렸기 때문이다. 그리고 나서 6주 후, 그러니까 11월 9일 동베를린에서 처음으로 보른홀머가(Bornholmer Strasse)의 길을 막고 있던 국경 수비대의 슈랑케(Schlanke, 차

단봉)가 그 기능을 포기한 채 하늘에 매달려져 있을 때, 메르켈 자신도 크게 놀랐다고 한다. 드디어 베를린 장벽이 무너지던 날의 정황을 이렇게 기억한다.[219]

'어머니와 저는 우스갯소리도 베를린 장벽이 무너지면, 캠핀스키 아우스턴(Kempinski Austern)에 가서 맛있는 음식을 먹자고 이야기하곤 했어요. 그런데 그날 갑자기 TV에서 동독사회주의통합당(SED) 대변인인 샤봅스키(Guenther Schabowski)가 베를린 장벽 통행 자유화 방안을 발표했지 뭐에요. 그는 구체적인 시간을 언급하지 않았는데, 한 기자가 언제부터 베를린 장벽을 자유롭게 넘나들 수 있는지 질문했을 때, 실수로 바로 '오늘부터'라고 말했어요. 그 이야기를 듣자마자 수많은 동베를린 시민들이 집에서 나와 베를린 장벽을 무너뜨리고 서베를린 지역으로 몰려갔죠. 그때 저는 어머니께 지금이 바로 아우스턴 호텔에 가서 맛있는 음식을 주문해야 할 때라고 농담 삼아 말했어요. 하지만 저는 설마 그런 일이 발생하리라고는 정말 생각하지 못했어요. 그래서 전 평소처럼 사우나에 갔죠.'

그녀는 분위기에 들떠서 쉽게 움직이는 스타일이 아니었음을 확인할 수 있다. 그녀가 친구들과 함께 밤 9시에 베를린 장벽으로 갔을 때에는 에펠만(Eppelmann) 목사가 장벽 위에 올라서서 서베를린으로 가자고 외치며, 실제로 장벽을 부수고 있었다. 어느 누구도 그를 제지할 수 없었으며, 국경을 지키던 병사들도 밀려오는 군중들에게 체념한 듯 길을 열어주었다. 물론 아우스턴 호텔에서 식사하지는 않았다. 그 대신 그녀 일행은 서베를린에서 만난 초면의 사람 초대로 그 집에 들어가 앉아 쥬스도 마시고 전화도 사용했다.[220]

그녀가 물리학자로서 근무했던 베를린의 물리화학중앙연구소(ZIPC)도 변화의 요구를 피할 수 없었다. 연구소도 개혁이 되어야 한다는 주장들이 나온 것이다. 그러던 어느 날, 당시 연구소 소장이었던 게르하르트 욀만(Gerhard Öhlmann) 교수가 정문 출입구 게시판에 "우리도 개혁을 지지한다. 하지만, 그 개혁은 법의 테두리 안에서 이루어져야 한다(Ja, wir sind für die Reformen, aber die Reformen müssen im Rahmen der Gesetze durchgeführt werden.)"라고 모두가 볼 수 있게 붙여 놓았다. 그가 말하는 법률이란 당연히 지금까지 따랐던 동독(GDR)의 법을 말하는 것이었다. 그러자 그다음 날 새로운 종이 하나가 그 옆에 붙여졌다. "그러나 그 법은 개정되어야 하고, 또 개정될 수 있다(Aber die Gesetze können und müssen geändert werden)." 그 밑에는 '앙겔라 메르켈'이라는 사인이 분명하게 적혀 있었다. 모두들 깜짝 놀랐다. 일개 여성 연구원이 연구소 소장의 훈령에 매우 도전적인 토를 달았기 때문이다.[221] 당시 ZIPC에는 약 700명 정도의 직원들이 근무를 했는데, 메르켈이 속한 양자화학부(Quantenchemie)에서는 그녀가 유일한 여성 연구원이었다. 이 일화는 두고두고 연구소 관계자들의 입에 오르내렸다고 한다.

연구소 상사였던 한스 게오르그 오스텐(Hans-Georg Osten)은 모두들 격앙된 상태였던 1989년의 그해 겨울, 동료들과 함께 뜨거운 토론이 오가는 자리에서 앙겔라는 옆자리에 앉아 차분하게 연구 관련 작업에 몰두하고 있었다고 한다. 그래서 그녀에게 "관심 없어요?"라고 묻자, 그녀는 "어차피 소용없잖아요?"라고 대답했다.[222] 그래서 불과 몇 주 후 그녀가 동독의 첫 수상인 드 메지에레(Lothar de Maizière) 정부의 대변인이 되었을 때, 그는 엄청 놀랐다고 했다. 오스텐은 후에 메르켈을 감시하는 슈타지 비공식 요원이었음이 밝혀졌다.[223] 그러나 어릴 적 목사관에서부터 서구 민주주의 정치 제도에 관심이 많았던 그녀는 서독 내각의 장관들 이름을 다 외우고 있었으며, 15살 때에는 학교 화장실에 들어가 라디오를 통해 구스타프 하이네만(Gustav W. Heinemann, 1899-1976)이 서독의 대통령이 되었음을 들었을 정도로 서독의 정치를 열렬히 쫓았었다.[224] 그리고 그런 그녀에게 정치를 추천한 사람도 다름 아닌 아버지 카스너 목사였다.[225] "정치계로 들어가라. 너와 함께 목표를 이룰 수 있는 너의 편을 찾아라." 그녀의 정치적 견해와 성품에 대하여 코르넬리우스는 다음과 같이 정리했다.[226]

> 그녀는 물리학자다. 자연과학자로서 그녀는 우연의 힘을 믿지 않는다. 그래서 정치에 자연적인 상태가 없다는 것을 잘 안다. 어떤 체제도 영원히 안정적으로 유지되지 않는다. 그러나 모든 가능한 체제 중에서 민주주의가 단연 최고의 전제 조건을 갖췄다는 것을 그녀는 몸소 체험했다.

사실 1년 전부터 그녀는 이제 막 활동을 개시한 민주개벽(DA) 사무실에서 모든 일을 할 수 있던 "만인을 위한 소녀(Ein Mädchen für alles)"로 자원봉사를 하고 있었다. 그녀가 정치에 발을 들여놓고 제일 먼저 했던 일은 서독에서 제공된 사무실용 컴퓨터의 박스를 뜯어 케이블을 연결하고 작동 가능 상태로 준비하는 일에서부터였다고 한다. 컴퓨터를 능숙하게 다뤄본 사람이 그녀 말고 없었기 때문이다. 당시 동베를린에서 정치의 물을 먹었던 사람치고 문간에서 보도자료를 타이핑

하던 이 젊은 여성을 다들 기억할 것이라고 코르넬리우스는 소개한다.[227] 메르켈이 당시 재야를 대표하던 노이스 포룸(Neos Forum)이나 데모크라티 예츠트(Demokratie Jetzt)가 아니라, '화합과 통일'을 지향하는 민주개벽(DA)에 가입한 것은 결코 놀라운 일이 아니라고 슈마허는 지적한다.[228] 그들이 어려운 시절 일찍부터 독재 정부에 대항해 무엇을 할 것인가 생각하느라고 애썼지만, 정작 자유로운 통일 독일에서 무엇을 할 것인지는 생각하지 않았기 때문이라는 것이다. 그리고 또한 정치는 결과로 말해야 한다는 것이 그녀의 지론이었기에, 무정부적 풀뿌리 민주주의 사상은 그녀에게 와닿지 않았다는 것이다.[229] 힘이 없으면 혼란만 부추긴다는 것이 그녀의 결론이었다. 뜬구름 잡는 것이 아닌, 실제적이고 계산이 가능한 내용을 추구하는 자연과학도다운 모습이다.

메르켈이 소속된 민주개벽(DA)은 선거에 앞서 동독-CDU와 독일사회연합과 함께 '독일동맹'을 맺었다. 그리고 예상했던 대로 로타 드메리에레(Lothar de Maiziere)가 이끄는 동독-CDU가 압승을 거둔 가운데, 메르켈은 새로운 정부의 부대변인으로 발탁되었다. 이때부터 메르켈은 '가능한 빠른 통일', '시장경제' 그리고 '연방의회 입성'이라는 3가지 목표를 가지고, 정치에 몰두하기 시작했다고 코르넬리우스는 밝힌다.[230] 물리학을 전공한 연구원이라는 그녀의 직업은 그렇게 해서 전혀 예상하지 못했던 새로운 길로 들어서게 된 것이다. 나중에 드메지에레는 메르켈의 이른바 '진열장 같이 깔끔한 보고', '빠른 요약', '효율성', '정치적 의미 파악능력'을 극찬했다.[231]

그런데 앙겔라 메르켈에게 늘 거부감과 불쾌감의 원인 제공자였던 슈타지가 그녀의 정치생활 초반에 다시 한번 큰 혼란의 불씨를 제공했다. 자신이 존경했던 반체제 운동의 핵심인물 에펠만(Eppelmann) 목사까지도 "나 역시 완전히 결백하다고 말할 수는 없다"고 고백했을 뿐만 아니라[232] 바로 민주개벽(DA, Deutschland Aufbruch)에서 그녀가 신뢰하고 도왔던 지도자급 인사의 옛 슈타지 행적이 줄지어 공개되고 말았기 때문이다. 당시 상황을 레징은 다음과 같이 정리했다.[233]

> 분명한 사실은 메르켈이 활동했던 민주개벽(DA)의 조직적 기반이 교회였다는 점이다. 즉 민주개벽은 교회 공간에서 동독 민주화 운동을 주도하던 이들이 교회 밖으로 나와 만든 조직이었다. 따라서 민주개벽 초대 의장인 슈누어(Wolfgang Schnurr)도 동독개신교연맹(BEK, Bund der Evangelischen Kirchen) 지도위원으로 활동했기 때문에 메르켈 아버지의 존재도 알고 있었다 … 그런데 1990년 선거를 치르기 전에 슈누어가 슈타지의 비밀 요원이었다는 사실이 폭로되자, 메르켈은 동독 과도 정부 대변인으로 파국을 막기 위해 최선을 다했다. 메르켈은 밀려오는 배신감과 실망감으로 한순간도 견딜 수 없었다. 민주개벽과 동독 개신교회에서 왕성한 활동을 펼치며 신뢰를 받았던 인물이 슈타지 비밀 요원이었다는 사실이 엄청난 충격을 준 것이다.

민주개벽의 당 대표로서 메르켈을 대변인으로 직접 발탁했던 슈누어가 동독 최초의 자유선거(1990년 3월 18일)를 8일 앞두고 그의 과거 슈타지 전력이 공개되고 만 것이다. 반정부 활동가로, 변호사로 많은 사람들의 지지를 받으며 대중의 이목을 끌었던 그의 정치 일정은 그것으로 끝났을까? 그것으로 끝나지 않았다. 과거 동독 정부와 동독 교회의 밀월 관계를 이용했던 그녀의 아버지 카스너(Horst Kastner) 목사를 포함하여 선거를 통해 초대 수상 자리에 올랐던 드메지에르(Lothar de Maiziere) 등 많은 동독 지도급 인사들의 떳떳치 못한 과거 행적이 드러남으로써, 이들은 이제 교회 지도자로서의 위치를 회복할 수 없을 정도로 도덕성을 의심받게 되었다.

그때부터 메르켈은 교회는 국가와 분리되어야 한다는 결심을 굳힌 것이라고 레징(Volker Resing)은 지적한다.[234] 즉 교회는 국가가 아니라 신앙을 위해 존재해야 한다고 생각했기 때문에 자신의 정치 행보를 신앙 고백과 연계시키지 않으려고 지금까지 그녀는 노력하고 있다는 것이다. 당시 그녀는 교회 지도자들에게서 그들의 신앙이 매우 이론적인 수사학을 즐기는 것 같다는 느낌을 받았다고 한다. 그래서 그녀는 신앙이 정치적으로 이용되는 것보다 개인의 삶 속에서 역동적으로 살아 있어야 한다는 입장이었던 것이다.[235]

그렇게 시간이 흘러, 동독 시골출신이자 행동 바보인 앙겔라 메르켈은 통일 독일의 수상이 되었을 뿐아니라 전 유럽의 가장 막강한 정치인이 되었다. 독일의 첫 여성총리였는지라, 그녀에게 '칸츨러린(Kanzlerin)'이라는 새로운 여성명사가 등장해야 했다. 그녀를 2015년 올해의 인물로 선정한 타임지(Time)는 다음과 같은 멋진 말로 그녀의 느린 걸음걸이를 미화했다.[236]

'메르켈은 생애 첫 35년을 시간의 포로로 살아내야 했다. 성인이 된 그녀가 기억하는 첫 정치적 사건은 1961년 세워진 장벽으로, 그녀는 고가 전철을 타며 동베를린에서 살았다. 1989년에 그 장벽이 무너졌을 때, 그녀는 동독에서 필수품처럼 길러야 했던 그녀의 자질들, 즉 인내심(patience), 담백함(blandness), 지적 엄격함(intellectual rigor), 눈에 띄지 않지만 맹렬한 추진력(an inconspicuous but ferocious drive)을 모아 그녀의 삶뿐만 아니라 역사의 흐름까지도 바꾸어 놓았다. 2015년은 통일 독일의 수상이자 지구상에서 가장 번창하는 합작법인 유럽 연합(EU)의 실질적인 지도자로서 메르켈 총리가 10년째 되는 해였다. 연말까지 그녀는 한번이 아니라 두 번이나 존재의 위기를 극복하며 유럽 경제를 이끌었는데, 그 둘 중 어느 하나라도 70년 동안 대륙의 평화를 지켜온 유럽 연합의 종말을 의미할 수 있었을 것이다. 첫 번째는 그녀에게 억지로 떠넘겨졌다. 19개국에서 공유하고 있는 통화인 유로화에 대해 점차적으로 다가오는 위기, 이 모든 것이 한 회원국인 그리스의 채무 불이행으로 인해 위험에 처해졌다. 이 결의안은 독일인들이 인내심을 발휘하여 동사로 삼은 '메르켈링(Merkeling, 결정을 미룸)'이라는 독특한 발걸음에서 나왔다.'

메르켈은 안전 제일주의자이다. 그녀에게는 '샅샅이 훑는다'는 표현이 어울릴 것이라고 슈마허는 강조했다.[237] 그리고 그런 성향은 어릴 적 목사관에서부터 몸에 밴 습성이며, 그렇게 위험 요소를 최소화하는 것은 목사의 딸 메르켈이 부모로부터 전수받고 가다듬은 생존 전략 중 하나이다.[238] 그러나 매사에 철저하게 계획하고 통제한다고는 하지만 모든 일에 절대 확신을 기대할 수 없다는 것, 그리고 확실하다고 하는 것은 단지 그 반대의 증명이라는 것을 익히 알고 있는 물리학자 메르켈이다. 바로 노벨물리학상을 받은 하이젠베르크의 '불확정성의 원리(Heisenberg uncertainty principle)'로, 한 실험에서 관찰자와 관찰의 대상 사이에 상호작용이 존재하고 있다는 것이다. 따라서 관찰 대상과 함께 자기 역할을 올바로 평가함으로써 의문을 제기하는 것도 인식의 상대성을 통찰하는 물리학적 사고와 궤를 같이 하는 것이다.[239] 오랫동안 그녀와 함께 일을 했던 사람은 그녀가 끊임없이 여러 상황들에 대해 조사하는 모습에 매료된다고 한다.[240] 자기 편, 상대 편 가리지 않고 잘하는 것과 못하는 것 등 모든 측면에서 그녀는 실험자로서 관찰하며 우선은 뒤편에 머문다고 한다. 그러다 상대가 다 이긴 것처럼 축배를 들려 하는 순간, 그동안에 도출된 실험 결과를 발표하며 자신의 존재를 드러낸다. 그러니 그녀에게 즉흥적인 것은 없다. 설령 그렇게 보이는 것이 있다 해도, 그것은 그녀의 긴 관측을 통해 이미 검증된 결과들이다. 결국 그녀에게 정치는 지속적으로 반복되는 실험의 과정이라는 것이다. 그렇게 기존의 모델을 넘어서서 새로운 것을 배우겠다는 자세와 변화하겠다는 의지가 그녀의 인생 반전의 이유라고 슈마허는 설명한다.[241]

앙겔라 메르켈은 민권 운동가들이나 전 공산주의자 출신의 교조적인 동독 정치 집단들 뿐만 아니라 승리감에 도취한 수많은 서독 정치가들도 무시해 버렸다. 그녀는 풀뿌리 민주주의식 담화나 계급적 역할 모델에 빠져들지 않았다. 강력한 여성 해방의 주장에도 휩쓸리지 않았다. 유권자들은 메르켈의 이런 독일적 실용주의를 서서히 긍정적으로 평가하기 시작했다.

그래서 메르켈의 정치는 매력적이지도 감동적이지도 않다고 그는 지적한다.[242] 우선은 정치가로 그 흔한 엔터테인먼트가 없기 때문이다. 실리와 실용만이 그녀의 관심 대상이다. 총리 취임식에 준비된 것도 겨우 생수와 스프였다. 그리고 그것이면 충분했다. 그래서 슈마허는 그녀의 정치 스타일을 이탈리아 축구의 '카테나찌오(빗장 수비 Catenaccio)'에 비유한다. 잘하는 팀이 이기는 것이 아니라, 이기는 팀이 잘하는 팀인 것이다. 그렇게 영국의 게리 리네커가 독일 축구를 두고 한 명언을 빗대어 기민당 당수 볼프강 쇼이블레((Wolfgang Schäuble)는 메르켈의 승리를 예상했다.[243] "메르켈은 실험을 하듯 정치를 한다. 결국 그 실험의 끝에는 성공이 자리잡고 있다. 정치란 그런 것이다. 모두가 저마다 목소리를 내면서 우왕좌왕 떠들지만 결국에는 메르켈 총리가 이긴다. 그 점은 확실히 믿어도 좋다."

Snapshot #8

서독 기본법 116조

한 동독 시민이 임의의 한 서독 대사관에 와서 서독 시민권을 요구하면, 그 결과는 어떻게 될까? 여기서 우리는 서독 건국 직전, 즉 1949년에 서방측 3개 점령지역에서 독일의 임시 헌법으로 제정되었던 기본법 제116조를 잠시 살펴 볼 필요가 있는데, "독일연방공화국의 국민은 독일의 국적을 지닌 모든 독일인이다.(Grundgesetz, Paragraph 116: "Staatsangehörige der Bundesrepublik Deutschland sind alle die Deutschen, die deutsche Staatsangehörigkeit besitzen.)"라는 이 간단한 법조문이 서독 대사관에 와서 여권을 요구하는 모든 독일인에게 즉각 서독 여권을 발급하지 않을 수 없는 강제적 근거로 작용했던 것이다. 주한 서독 대사였던 디터 지메스(Dieter Siemes) 박사의 회고를 들어보면 독일 기본법 제116조가 베를린 장벽의 붕괴에 얼마나 큰 역할을 했는가를 잘 알 수 있다.

'1984년에서 1986년까지 제가 체코의 프라하에서 외교관으로 일하던 기간 동안 저의 주요 업무는 동독에서 온 사람들이 프라하의 우리 대사관을 찾아와 서독의 여권을 요구할 때 그들이 서독으로 이주할 수 있도록 도와주는 일이었습니다. 이 사람들은 망명 신청자들이 아니었습니다. 왜냐하면 독일인이 독일에 망명을 하겠다는 신청을 할 수는 없기 때문입니다. 그는 단지 관청에 도움을 청하고 있을 따름이라는 말씀입니다. 즉 기본법은 서독 관청들로 하여금 이런 사람들을 돕지 않을 수 없도록 강요하고 있는 것입니다.'

즉, 1949년 서독 건국 당시의 독일 법률학자들은 그 당시에 이미 독일연방공화국의 국민 이외의 독일인들이 앞으로 연방공화국 국민이 되고 싶을 경우 그들이 독일연방공화국 국민이 될수 있는 법률적 가능성을 간편하고도 명백하게 활짝

열어두었던 것이다. 그러나 그 법학자들도 1989년 베를린 장벽의 붕괴가 이 법률 조문 하나에 그 큰 힘을 빌리게 될 줄은 미처 예견하지 못했을 것이다.

– 안삼환,
"통독 이후의 동독과 동독인들",
『독일어문화권연구』 (서울대학교, 2002), 8–9;
http://s-space.snu.ac.kr/bitstream/

제9장

1:1의 마력

당신네들은 자기들만 좋은 아파트에 살고,
벤츠 타고 쌩쌩 달리고 싶은 것 아닌가?
모니카 마론(Monika Maron)

장벽은 일단 무너졌지만, 이제 동서독은 어떻게 되는 것인지에 대한 설명을 해주는 사람은 아무도 없었다. 장벽 개방이 너무나 급작스럽고 예상치 않게 이루어졌기 때문이다. 그러나 당시의 상황을 데니스 바크는 조금 다르게 보았다.[244]

아이러니컬한 것은 베를린 장벽을 개방한 이유가 사람들을 가둬두려 했다는 점에서 그것을 세웠던 28년 전의 목적과 다르지 않다는 사실이다. 장벽을 개방함으로써 SED는 동독 정부의 개혁을 믿고 동독 주민들이 탈출을 자제할 것이라고 기대했다. 그러나 동독 주민들의 탈출은 계속됐다. 그들이 원하는 것은 개혁된 동독이 아니었다. 그들은 자유를 원했던 것이다! 소비에트 점령 지구의 주민들에게 강요된 독재 체제는 1950년대 당시 자유라는 이념을 금지했었지만, 결국은 그 이념이 마르크스-레닌의 가르침이나 동독 독재 체제의 군사력보다 더 강하다는 것이 입증되었다.

그러면서 그는 “장벽은 동독의 독재 체제와 서독의 자유 체제를 가르는 가장 뚜렷하고 감성적이고 강력한 상징물”이었다고 묘사했다.[245] 그러면서 SED가 장벽을 개방하겠다고 결정했을 때는 권력을 다 내주고 정치적 통일까지 하려는 생각은 ‘전혀’ 없었다고 그는 덧붙였다. 하지만 일단 통행 자유의 맛을 본, 그리고 독재 정권에 대한 두려움이 없어진 동독 주민들의 반응은 완전 통제 불능이 되고 말았다. 짐을 싸서 떠나는 사람들이 있는 반면, 남아 있겠다는 사람들로 나뉘었다. 그렇게 며칠이 지나면서, 사람들 사이에 ‘우리는 한 민족이다(Wir sind ein Volk)’라는 구호가 나오기 시작했다. 이것이 바로 전환점(die Wende)인 것이다. 이제야 제2차 세계대전은 끝이 난 것이라고 바크는 지적했다. 독일의 통일, 아니 재통일은 이미 1989년 11월 9일에 이루어진 것이다.[246]

그러나 혼란스럽기는 서독 쪽에서도 마찬가지였다. 한쪽에서는 동서독을 통틀어 자유선거를 실시하여 독일 통일을 창건하자는 의견도 있었고, 다른 쪽에서는 어떤 형태와 방식으로라도 통일은 절대 불가라는 입장을 고수하기도 했다.[247] 그리고 그것은 서독의 정당 정책에서도 그대로 드러났다. ‘힘의 우위’ 정책을 고수했던 CDU(기민연)/CSU(기사연)와 FDP(자민당)은 동독의 변화가 자유선거를 통한 통일을 가져올 것이라 기대하며 환영했으나, 1980년대 동독의 SED와 ‘접근을 통한 변화’를 주도했던 SPD(사민당)은 동독의 민주화는 환영하면서

도 통일 그 자체에 대해서는 주저하다가 급기야는 반대의 당론을 확정했다.[248]

그러는 동안에도 동독 주민들은 하루가 멀다 하고 정든 고향을 등지고 서독으로 밀려 왔으며, 그들이 떠난 동독의 사회망은 정상적인 작동이 중단되기 시작했다. 의료진들이 다 떠나 더 이상 환자를 받을 수 없는 병원까지 나왔다고 한다. 서독의 집권당 당수인 헬무트 콜 수상은 자신의 눈앞에서 동독이 무너져 내리는 것을 지켜보고만 있을 수는 없었다. 동독 주민들에게 그들이 고향을 떠나지 않아도 전망이 있다고 여길 수 있는 구체적 증거를 제시해야만 했다.

그렇게 나온 것이, 11월 28일, 장벽이 무너진 지 3주 만에 콜 수상이 제시한 독일 분단 문제의 단계별 극복을 위한 '10개항 프로그램(Zehn-Punkte-Programm)'이었다. 제2차 세계대전이 끝난 후부터 누구도 독일의 통일에 관하여 언급하기가 쉽지 않던 독일의 통일 주제가 처음 공식적으로 언급된 것이다. 콜은 이 프로그램을 통해 베를린 장벽의 붕괴를 독일 통일로 연결시킬 것임을 분명히 밝힌 것이다. 그리고 그것은 동독 주민들의 자유 · 비밀선거를 통해, 유럽 통합의 큰 틀 안에서 이루어져야 한다고 소개했다. 바크의 지적대로, 콜이 보기에 해결책이 만만치는 않지만 그렇다고 질질 끌 수는 없는 일이라고 본 것이다.[249] 데니스 바크는 콜의 프로그램이 장벽을 새로 세워 국경을 봉쇄하지 않으면서, 계속되는 동독 주민들의 탈출을 진정시키고 그들에게 서독이 개혁을 지원하겠다는 의지를 확신시킬 수 있는 유일한 수단이었다고 높이 평가했다.[250]

그러나 소련의 생각은 아직 변한 게 없었다. 12월 2일 몰타에서 부시 대통령을 만난 고르바초프는 일단 콜의 10개항 방침을 거부했으며, 동독 주둔 40만 소련군과 함께 동서독 분단을 유지한다는 입장을 바꾸지 않았다. 하지만 매일 평균 2,250명에 달하는 동독 주민의 탈주가 계속되고 있는 상황에서 더 이상 시간을 끄는 것은 무리라며 동독의 5개 정당들과 7개 저항 조직이 함께 모여 만든 일명 '원탁회의'는 동독 최초의 자유선거를 3월 18일에 앞당겨 실시하기로 결정한다.

선거 캠페인이 시작되면서 CDU(기민연)과 SPD(기사당)은 같은 이름을 가진 동독의 정당들과 힘을 합쳤다. 기민연의 헬무트 콜은 여기서 중요 의제를 꺼낸다. 바로 화폐 통합이다.[251] 서독의 중앙은행(Bundesbank)은 4:1로 환율을 정할 것처럼 이야기가 나왔지만, 선거 며칠 전까지 아무도 몰랐다. 선거를 5일 앞둔 3월 13일, 콜 수상은 뜻밖에도 월급과 소액저축에 한하여 동독 마르크를 서독 마르크와 '1:1'로 맞바꾸어주고, 나머지 금액에 대해서는 환율을 추후 결정한다고 발표했다.[252] 암시장에서는 보통 8:1에서 심지어 20:1까지도 거래됐던 동독의 마르크화, 또 월급을 받아도 특별히 쓸데가 없어 저축을 할 수밖에 없었던 동독 주민들에겐 그야말로 눈을 번쩍 뜨이게 하는 희소식이 아닐 수 없었다.[253]

사민당(SPD)에서는 콜과 동독-CDU가 동독 유권자들의 환심을 사서 통화 통합과 정치 통합을 약속하는 정당을 지지하게 하려는 득표 공작이라고 공격을 해댔다. 충분히 이해할 수도 있는 비난이다.[254] 그러나 동독 주민들의 이탈이 지속되는 상황에서 그들에게 적합한 대안을 제시하지 못한 사민당 쪽의 과오 또한 간과할 수 없는 상황이다. 1:1 환율을 정해 놓으면 그런 높은 임금을 주고 누가 동독 주민들을 고용하겠느냐 공격을 했지만, 경제적 고려와 정치적 현실은 따로 다루어져야 한다는 것에 대한 공감도 있었다.[255] 그것으로써 동독 주민들은 장래를 내다보고 동독에 남을 수 있는 기대를 갖게 되었기 때문이다. 그러므로 동독 주민들로 하여금 콜이 던져주는 '바나나'에 표를 던지는 꼴이라고 비아냥거렸지만, 사실 베를린 장벽이 무너진 후 동독 주민들이 제일 많이 샀던 물건 중에 하나가 바나나였다. 그들 독재 정권에서는 귀하디귀한 식료품이었기 때문이다.

너무 빨리 진행되는 통일 논의에 대해 불만이 많았던 사민당의 전략은 무엇이었을까? 데니스 바크는 다음과 같이 정리했다.[256]

'워낙 비용이 많이 들기에 과속 통일은 서독의 납세자들에게 너무 큰 부담이 되고, 자칫 인플레, 실업, 빈곤에다 사회적 불만을 야기할 수 있기에, 그들은 국민간 이해 관계의 차이를 이슈화하는데 초점을 맞추었다. 그런 식으로 SPD는 동서독 주민 모두가 불안하게 만들었다. 그들 말만 들으면 마치 조속한 통일 말고도 무슨 다른 대안이 있는 것 같았지만, 통일 과정의 속도 조절이 현실적으로 가능한 것이던가? 그런데도 무엇 때문에 SPD는 그런 입장을 취했는가? SPD 일부에서는 만약 통일을 2년, 3년 혹은 4년 하는 식으로 지연시키지 않으면 동독 주민들이 CDU/CSU와 FDP등 자유 시장 경제를 대변하는 정당을 지지하게 될 것이라는 두려움을 갖고 있었다. 그러므로 SPD는 일부에서 '혼돈 시나리오'라고 부르는 것이 벌어지기를 바랐다. 그것은 과도기 단계(Uebergangsphase)에 동독의 사정이 점점 악화되면 유권자들이 콜과 CDU에 대해 넌덜머리를 내고, 자본주의적 민주주의의 공약 불이행에 실망하게 된다는 이야기이다.'

SPD도 다수의 동독 주민들이 너무나 드러내 놓고 이야기했기 때문에, 동독 주민들이 "사회주의에 학질을 떼어", 이제는 "사회주의라는 단어조차 듣기 싫어한다"는 사실을 너무도 잘 알고 있었기 때문이라고 바크는 덧붙인다. 그래서 대부분의 동독 주민들은 "사회주의의 '사'자 소리라도 들리는 정당이나 정견은 아예 거들떠보려 하지 않았다는 것이다.[257] SPD의 이런저런 실책 중에서도 가장 컸던 것은 사람의 천성을 무시한 것이라고 바크는 지적한다. 그러면서 그는 전혀 동독 작가 같이 보이지 않는 모니카 마론(Monika Maron)이 서독 지식인들에게 내뱉은 다음 글을 소개한다.[258] "당신네들은 자기들만 좋은 아파트에 살고, 벤츠 타고 쌩쌩 달리고 싶은 것 아닌가? 당신들이 투스카니(Tuscany)에서 휴가를 즐기는 동안, 우리는 장벽 뒤에서 파시즘을 반성하고 세계 평화나 지키고 있으라는 거지! 당신들이 도대체 뭔데 그래?"

그리고 드디어 그 날이 왔다. 1990년 7월 1일이다. 일요일에는 집에 못도 박지 않는다는 날임에도 불구하고, 동독 주민들은 오전 9시부터 은행과 우체국 등 만여 곳의 교환소 앞에 긴 줄을 형성했다. 지난 40년의 세월 동안 낡디낡아 더 이상의 미련도 없던 동독의 불그스

레한 마르크화가 사라지고, 반짝반짝 빛나는 서독의 새 화폐로 바꾸어 주는 날이었다. 비싼 외국돈으로만 여겼던 서독의 화폐가 이제 자신들이 평생 소지하고 사용할 수 있는 독일의 유일한 지불 수단이 되던 날인 것이다. 바로 이 날이 동독 주민들에게는 그들이 실제로 통일을 체감하는 순간이다. 공식적이고 법적인 통일이 공표되기까진 준비 시간이 더 남아있지만, 이미 이 날 동서독 주민들이 서독 마르크화로 통일을 이룬 날이었기 때문이다.

그런데 더 결정적인 것은 2주 후인 7월 16일, 독일과 소련 정상이 코카서스에서 다음과 같은 합의를 도출하게 되면서 빠르게 정리되었다. 합의 사항은 먼저 2차 대전의 전승국들이 그 권리를 포기하고 독일의 주권을 완전히 회복하며, 독일의 미래 문제는 독일의 자율적인 결정에 맡긴다는 내용이다. 따라서 콜 수상은 몇 개월 동안 다소 납답하게 진행되던 '2(동서독)+4(연합국)회담'의 돌파구를 찾게 되었던 것이다. 고르바초프는 대신 동독에 주둔하고 있던 소련군의 철수비용을 서독이 지불해주도록 요구했다. 서독은 철수비용 125억 마르크(48억 유로)을 포함하여 소련에 총 550억 마르크(211억 유로)를 제공했다.[259] 당시 서독 내각은 통일을 이룰 수만 있다면, 더 많은 돈도 지불할 생각이었다. "독일이 통일을 돈으로 샀다"는 말이 그래서 나온 것이다. 사실 3월 18일 동독에서의 첫 자유 · 비밀선거가 실시된 것도 콜 수상이 동독에서 요구하는 150억 마르크의 긴급 재정 지원에 대한 전제 조건으로 공정한 선거에 의한 합법적인 정부 구성을 요구했기 때문이다. 당시 엄청난 통일 비용을 이유로 '급진적 통일'을 반대했던 서독 사민당(SPD)의 '점진적 통일론'에 대하여 독일통일연구소 박상봉 대표는 그 부당성을 피력했다.[260]

> 이 분야 최고 전문가인 스웨덴의 경제학자 애스런트는 점진적 통일을 "그것은 생선 스프가 수족관으로 변하기를 기다리는 것"이라고 평가했다. 왜냐하면, 점진적 통일은 개혁의 과정에서 공산 권력을 배제할 수 없어 성공할 수 없다는 것이었다. 개혁의 대상이 개혁에 참여하는 모순이 점진적 통일에 숨겨져 있다는 논리였다. 급진적 체제 전환을 했던 체코 · 폴란드와 달리 점진적 · 단계적 전환을 택했던 구소련 국가 및 불가리아 · 알바니아 등은 여전히 정치적 혼란과 경제적 침체의 늪에 빠져있다. 상황이 이런데도, 국내의 경우 점진적 통일을 주장하는 전문가가 다수다.

그러면서 박상봉은 우리가 독일통일의 과정을 지켜보았기에 "한반도의 통일이 독일보다 쉽다"라고 역설했다.[261] 하지만 한반도의 통일이 독일의 경우처럼 매끄럽고 평화적으로 진행될 수 있을지 염려가 되는 것도 사실이다. 왜냐하면 동독과 북한의 상황이 너무나 다르고, 또 한반도 주변 강대국들 사이의 셈법이 너무도 다르기 때문이다.

Snapshot #9

가우크, 슈타지-사냥꾼(Gauck, der Stasi-Jäger)

1990년의 통일 협약은 동독 체제 하에서 자행된 인권 침해의 책임자와 비밀경찰에 협조한 자들을 공직에서 추방한다는 규정을 두었는데, 이 경우 적절한 기관이 해당자의 과거 행적에 대해서 공직 수행 적합 여부 판정을 내리게 될 것이라고 예고하였다. 그러나 동 규정은 적합성 판정의 구체적 기준을 제시하지 않음으로써 후일 혼란의 단초를 제공하였다.

공직자 숙정의 첫 번째 단계로 '가우크사무소(베를린 슈타지 문서보관청, BStU)'에 의해 공직자에 대한 관련 자료가 제출된다. 공직자가 일정한 양식에 의거해 비밀경찰과의 접촉 여부를 진술하면 가우크사무소는 관련 자료를 수집하고 정리하여 해당 부처로 전달한다. 이때 가우크사무소는 중립적 기관으로서의 위상을 견지하기 위해서 부역 행위의 성격에 대한 주관적 판단을 행함이 없이 확보된 자료만을 전달한다. 비밀문서의 신뢰성에 대해 의문이 제기되었을 때, 가우크사무소는 증거 자료들이 비밀경찰 정보 장교의 사후 평가 과정을 거친 신뢰할 만한 문건이라는 입장을 표명했으며, 또한 정황이 참작되어야 하고 부역의 정도에 따라 차별화가 이루어져야 한다는 입장을 취했다. 즉 생존을 위한 최소한의 적응과 의식적인 부역 행위는 구별되어야 하며 동료의 신뢰를 배신한 악질적인 밀고의 경우에는 비밀경찰 정규 직원보다 더 큰 처벌을 받아야 한다고 주장하였다. 가우크사무소는 결국 비밀경찰 정규 직원 중 범죄 행위에 가담한 일부집단과 비공식적 정보원 중에서 과도하게 부역 행위를 한 자들을 가려내어 공직에서 추방할 것을 제안한 셈이었으나 그 판단은 지방 정부와 사기업의 몫이었다.

두 번째 단계는 부역 행위를 검증하는 단계로써 독일은 연방 국가의 원칙에 따라 중앙 정부가 주정부에 이 임무를 위임한 바, 통일 협약이나 슈타지 기록물법에서 구체적인 처벌 기준을 제시하지 않았기 때문에 자료의 판단 과정은 객관적 기준보다 지역 변수와 경제적 효용에 크게 의존하였다. 가령 작센(Sachsen)주의 경우에는 비밀경찰과의 모든 접촉을 범죄시하여 조리사에서 정원사에 이르기까지 모든 관련자를 파면 조치하였고, 튀링겐(Tueringen)주 역시 법관 임명에 가족 구성원의 전력까지 문제 삼는 등 보수당 세력이 강한 지역에서는 엄격한 처벌조치를 시행하였으나, 사민당 세력이 강한 브란덴부르크(Brandenburg) 주의 경우, 처벌은 최소화되었다. 서독 지역에서는 대부분 주 정부가 이러한 검증 절차를 밟지 않았기 때문에 통일 이전 서독으로 이주한 동독 주민들은 사실상 면책되는 결과를 초래하였다. 또한 통일 협약의 규정에는 명시되어 있지 않았지만 사기업의 경우에도 부역자 검증을 실시하였는데 다만 사기업들은 과거의 행적보다 전문 능력을 중시하였기 때문에 해고 조치에 있어서 상대적으로 낮은 비율을 보여주었다. 추정치에 따르면 1997년 현재 해고 인원은 공직 부문에서 42,046명, 사기업에서 12,880명 도합 54,926명으로 집계되었다.

– 장원석, "통일 독일의 과거사 청산 일고",
『정치와평론(Journal of Political Criticism)』 14 (2014.05)

제10장

사람들은 자유를 원한다

나는 자유라고는 없는 동독 제도가 너무 싫었습니다.
자유는 내 평생 가장 행복한 경험입니다.[262]
– 앙겔라 마르켈

2011년 앙겔라 메르켈 총리는 미국의 '자유의 메달(Freiheitsmedallie)'을 받았다. 오바마 대통령은 수여식에서 그녀를 '자유 승리의 심볼(Symbol des Triumphes der Freiheit)'이라고 언급했다. 그녀에게 자유는 그만큼 소중한 가치이자, 그녀의 삶을 통해 증명한 하나의 트레이드 마크가 된 것이다. 그녀의 웹사이트(angela-merkel.de)에 올라있는 글을 소개한다.[263]

'저는 1990년까지 우리가 우리의 생각을 자유롭게 표현할 수 없는 국가에 살았습니다. 그럼에도 불구하고 그곳에서 표현을 위한 용기를 가졌던 이들은 많은 위험을 감수했습니다. 그곳에서 우리는 우리가 어떤 직업을 습득할지 자유롭게 결정할 수 없었습니다. 그 곳에서 우리는 우리가 원하는 곳으로 여행할 수 없었습니다. 그곳에서는 모든 면에서의 개인의 자유는 매우 좁게 제한되어 있었습니다. 그래서 자유는 제게 매우 중요합니다. 그래서 저는 모두가 자신의 생각과 꿈을 실현하고 그의 길을 갈 수 있는 기회를 갖게 하기 위해 일합니다. 이 각자의 길을 실현하는 것, 젊은이와 약자를 위해, 가족과 노인을 위해, 모두를 위해, 그것이 저의 목표입니다.'

그녀가 동독사회에서 느꼈던 답답함은 바로 자유의 문제였다. 그녀에게 자유란 무엇일까? 코르넬리우스는 그녀의 자유관을 다음과 같이 소개한다.[264]

'사실 그녀에게 자유란 매우 개인적인 일이다. 욕구를 마음껏 펼치는 것, 자신의 한계를 시험하는 것, 새로운 영역을 발견하고 이해하고 정복하는 것. 이것이 35년간 야망과 재능을 감춰야 했던 한 여성의 극히 개인적인 자유에 대한 설명이다.'

독일 국가대표 축구 감독인 위르겐 클린스만(Jürgen Klinsmann, 2004-2006)과 스페인 감독 빈센테 델 보스케(Vincente del Bosque, 2008-2016), 축구광인 메르켈이 특히 좋아하는 두 명의 감독을 통해 코르넬리우스는 그녀의 자유에 대한 생각을 첨언한다.[265]

'자유, 거기에 열쇠가 있었다. 메르켈이 보기에 두 남자에게는 자유의 이상이 배어 있다. 그들은 메르켈과 동일한 신념으로 자신들의 능력을 발휘했다. 둘은 신뢰를 저버리지 않았다. 클린스만은 독일과 거리를 둠으로써 현실적인 시각을 유지했고, 무엇이 중요하고 무엇이 중요하지 않은 일인지 명확히 구별할 줄 알았다. 게다가 캘리포니아에서 이렇게 했다는 것이 메르켈에게 큰 인상을 남겼다.[266] 델 보스케는 세계 각국의 성에서 왕처럼 지내거나 스페인에서 파티를 즐기고 쏟아지는 찬사를 마음껏 누릴 수도 있었겠지만, 조용하고 진중한 사람으로서 비교적 검소하게 살면서 선수들에게 존경받는 롤 모델이 되기를 원하는 그런 사람이다. 한 마디로 정의한다면, 클린스만과 델 보스케는 매우 자유로운 사람이다.'

그러면서 그는 메르켈의 동력과 가치관을 연구하다 보면 얼마 지나지 않아 자유를 이야기하게 된다고 덧붙였다. 35년 동안 자유가 없는 세상에서 몸소 체험했기에 누구보다도 자유의 가치가 남다를 수밖에 없다. 다만 놀라운 것은 그녀의 가치 범주 안에 자유가 공공연하게 포함되기까지 거의 10년이 넘게 걸렸다는 점이라고 그는 지적한다. 바로, 2003년 기민연(CDU) 당대표로서 독일역사박물관에서 청중에게 강하게 호소했을 때이다.[267]

'자유 없이는 모든 것이 무의미하기 때문입니다. 자유는 봉사의 기쁨, 자아실현, 획일성 거부, 다양성 인정, 자기 책임을 상징합니다 … 연대와 정의를 다시 살리기 위해 우리는 가치관의 순위에서 자유를 가장 으뜸에 두어야 합니다.'

2005년 연방의회 선거에서도 그녀는 자유를 모든 개혁과 국제적 갈등에서 정치적 결정의 중심에 두어야 한다며 다음과 같이 강조했다.[268] "소련의 도전을 이겨내고 냉전을 종식시킨 것은 민주주의의 놀라운 승리였습니다. 나는 전 세계의 자유와 인권을 위해 기꺼이 나의 힘을 보탤 것입니다. 우리는 그것을 이룰 수 있는 모든 장비를 가지고 있습니다."

아울러 그녀는 자유가 민주주의와 사회적 시장 경제를 낳는다고

보았다. 2007년 함부르크에서 열린 미디어와의 언론의 자유에 대한 그녀의 연설문이다.[269]

'그러면 우리는 곧 이런 질문을 할 수 있습니다. 자유가 무엇인가요? 자유는 어떻게 형성 되나요? 자유는 분명 무엇으로부터의 자유만이 아니라, 무엇보다도 우리의 이해가 가능한 무엇으로부터의 자유입니다. 그래서 자유와 책임은 아주 밀접하게 연결되어 있습니다. 개인의 자유는 항상 다음 사람의 자유를 불가능하게 하는 곳에다 경계를 두고 있습니다.'

이제 그녀는 '책임있는 자유(Freiheit in Verantwortung)'를 말한다. 그런 의미에서 그녀의 미국에 대한 평가는 남다르다. 냉전, 체제경쟁, 비자유와 자유의 전투가 그것이라고 코르넬리우스는 설명한다. 그러면서 그녀에게 자유는 미국을 의미했다며, 든든한 미국 덕분에 결국 그녀 역시 자유를 얻었기 때문이라고 강조했다. 그녀가 로마 카피톨리노 언덕에서 한 말은 기억한다.[270] "유럽과 미국을 묶어주고 지탱시켜 주는 것은 공통된 가치 기반입니다. 그것은 바로 인간관, 양도할 수 없는 인간의 존엄성 그리고 책임있는 자유입니다." 그녀에게 '책임있는 자유'는 어느새 양국의 같은 눈높이를 암시하는 암호가 되었다고 코르넬리우스는 덧붙인다.

그녀는 자유에 대해 언급한 초반에, 자유는 인간이 자신의 한계를 스스로 발견할 수 있는 기회가 될 것이라고 말한 적이 있다. 7년 후 자유라는 주제는 점차 외교 정치의 기본적인 주제가 되었다. 통일이 되고 조국 독일의 첫 여성 총리가 되고 나서 느낀 전혀 남다른 감동이었을 것이다.[271] "자유는 내 평생 가장 행복한 경험입니다. 자유만큼 나를 감탄시키고 격려하는 것은 아직 없습니다. 자유보다 더 강하게 나를 만족시키는 좋은 감정은 없습니다." 메르켈에게 자유는 정치적 도그마가 아니라 개인의 일이나, 그럼에도 그녀는 자유에서 가장 강력하게 세계를 추동하는 힘을 발견한다고 코르넬리우스는 지적한다. 그러기에 그녀는 자유주의 체제가 무너질까, 민주주의와 시장경제가 약해질까 걱정한다. 서방 국가는 가치의 전투에서 패할 수도 있으며, 서방 국가의 가치관이 우위에 있음은 보장되지 않는다는 것이다.[272]

> "나는 가끔씩 우리가 이제 어느 정도 도약을 했기 때문에, 우리가 살고자 하는 방식에 마비가 오지 않을까, 걱정이 됩니다. 그것이 마비되는 순간 당연한 결과로 우리의 부와 성공도 마비될 수밖에 없습니다 … 민주주의와 장기적인 부를 보장하는 법적 청구권은 없습니다 … 과거와 하나로 연결된 독재 정권 아래서 나는 35년을 살았습니다. 그래서 그런 일이 다시는 일어나지 않을 거라는 말에 나는 회의적입니다 … 나는 체제 붕괴가 어떤 것인지 직접 경험했습니다. 그것을 다시 겪고 싶지 않습니다 … 서로 속이지 않는 것이 가장 중요합니다. 오늘날의 독일과 유럽은 저절로 생겨난 것이 아닙니다."

그래서 메르켈은 "인권은 저절로 얻어지는 것이 아니며, 자유는 저절로 지켜지는 것이 아니며, 민주주의는 저절로 이루어지는 것이 아닙니다."라고 기회 있을 때마다 역설한다.[273] 그리고 중국이나 다른 개발 도상국, 즉 민주주의의 요소가 아직 부족하거나 없는 나라를 방문할 때마다 경고를 남긴다.[274] "사람들은 자유를 원합니다."

Snapshot #10

자유를 사다 : 프라이카우프 (Freikauf)

프라이카우프는 1963년 8명의 동독 반체제 인사가 석방되면서 시작됐다. 당시 서독은 독일의 유일한 합법 정부라는 헌법에 따라, 동독을 국가로 인정하지 않은 채 동독 시민들을 자국 시민으로 간주했다. 인권 탄압을 받는 동독의 반체제 인사를 데려오는 근거가 된 것이다. 동독 반체제 인사 1명을 서독으로 데려오는 대가로 평균 4만 마르크 정도가 동독으로 흘러갔으며, 27년간 3만1천755 명의 정치범과 그들의 자녀 2천 명 정도가 프라이카우프를 통해 서독으로 왔다.

프라이카우프가 세상에 알려진 것은 1964년 8월이었다. 같은 해 10월에는 서독 정부 내부에서 동독에 경제적 대가를 치렀다는 정보가 언론에 흘러들어오면서 다시 논란이 불거졌다. 언론에는 구체적인 금액까지 거론됐다. 이에 불만을 품은 동독 당국은 곧바로 프라이카우프를 중단했다. 서독 당국은 한바탕 홍역을 치른 뒤 같은 해 11월 서독 교회를 중간에 내세워 프라이카우프를 재개하기로 동독 정부와 합의했다. 교회가 동독에서 반체제 인사들을 데려오는 대신, 인도적 차원의 명분으로 동독에 물품을 지급하도록 하는 방식으로 우회했다. 물론 이에 필요한 예산은 서독 정부가 부담했다. 종교를 창구로 삼아 프라이카우프를 진행함으로써 당국 간에 '인간 매매'가 이뤄진다는 인권 단체 등의 비판을 피하려 한 것이다.

동독 당국 입장에서 프라이카우프의 대가는 적은 금액이 아니었다. 내부에서도 슈타지 등은 프라이카우프를 탐탁지 않게 여겼지만, 반체제 인사들을 추방해 사회안정을 이루고 추방 인사들에 대한 교육 투자 비용 등을 회수해야 한다는 명분이 앞섰다. 동독 정권 내에서 서독과 협력 관계를 유지해야 한다는 온건파의 목소리가 강화된 것은 프라이카우프의 부수적인 성과였다. 동독 당국이 돈벌이를 위해 수감자를 일부러 늘린다는 지적까지 서독 내에서 나올 정도였다. 아울러 서독 내에서는 동독에 지급되는 자금이 체제 유지에 도움이 될 수 있다는 비판도 제기됐다. 갈등이 조정될 수 있었던 데에는 프라이카우프가 동독 시민에게도 공공연한 비밀이 되어버린 탓에 장점도 있었다. 서독으로 보내질 가능성이 큰 동독 반체제 인사들에 대한 인권 탄압의 정도가 줄어들었다. 서독의 진보 진영이 주도해 1961년 개설한 잘츠기터 기록소(Die Zentrale Erfassungsstelle Salzgitter) 등을 통해 동독 측의 인권 탄압 사례를 기록해 가고 있었고, 서독으로 넘어온 반체제 인사들은 이에 대한 중요한 정보를 제공했기 때문이다. 동독 당국자들이 이를 신경 쓸 수밖에 없게 된 셈이다.

분단기 서독으로 추방됐던 동독의 반체제 인사였던 롤란트 얀(Roland Jahn) 슈타지 문서기록소장은 "프라이카우프의 존재는 동독에서 수감 중인 반체제 인사들이 하루하루 버티는 희망이었다" 면서 "동독 당국자들도 미래에 가해자가 될 수 있다는 생각을 하게 돼, 수감자들의 처우가 개선되는 효과도 있었다"고 말했다.

– 이광빈 기자,
"[서독의 기억](16) 인권위한 '인간매매' 27년…극우 부상에 기억소환",
연합뉴스, 2019-10-27 09:03; https://www.yna.co.kr/view/AKR20191026002000082

제11장

국가 이성

이 역사적 책임은

내 조국의 국가 이성의 한 부분입니다.

– 앙겔라 마르켈, 이스라엘 의회 연설 (2011)

전후 '라인강의 기적'을 통해 오늘 날 독일이라는 명성을 가져다준 일등 공신을 꼽으라면 바로 콘라드 아데나워(Konrad Adenauer, 재위 1949–1963) 기민연(CDU) 수상이다. 그의 집권 12년 동안 서독의 실질 소득은 3배나 증가했다. 영국 역사가 폴 존슨(Paul Johnson)도 그가 현대사에서 가장 뛰어난 정치가에 속한다고 소개했다.[275] 이런 독일의 부흥은 '낮은 관세, 자유 무역, 저가 수입, 고가 수출'에 기반을 둔 자유 시장 경제 전문가 루드비히 에르하르트(Ludwig Erhard)와 함께 이룬 쾌거였다.[276] 그가 수상이 되어 제일 먼저 결정해야 했던 것 중에 하나는, 전후 연합군 지위로 영향력을 행사했던 영국 노동당의 '독일 산업 국유화' 와 같은 사회 민주주의 정책 도입 요구를 끝까지 회피한 것이었다고 폴 존슨은 지적한다. 만약 그렇게 되었더라면, 라인강의 기적은 없었다는 것이다.

그러면서 그의 탁월한 업적은 소련이 아니라, 서구 민주주의 세계에 대한 독일의 개방과 협력 정신 곧 '서방정책'에서 비롯되었다고 존슨은 강조한다.[277] 히틀러가 그랬던 것처럼, 법을 무시하고 조롱하는 소련의 지도자들과는 협상하지 않겠다는 것이 그의 신념이었다.[278] 그들에게서는 아무런 보장도 받을 수 없다는 것이 이유였다. 소련은 다른 나라와 체결한 48개의 조약 가운데 45개를 파기하거나 위반했다고 한다.[279] 아데나워에겐 특히 소련에 붙잡혀 간 후 행방을 확인할 수 없었던 백만 명 이상의 독일군 포로에 대한 아픈 기억이 남아 있었던 것이다. 서구를 향한 그의 신념은 서독의 수도를 베를린(Berlin)이 아니라, 본(Bonn)으로 선택한 것에서도 잘 드러난다. 그렇게 서방 자유세계와의 공조를 통해 독일은 그의 집권 기간 동안 부강한 나라가 되었다. 그리고 1969년 서독의 사회민주당(SPD)이 정권을 잡았을 때, 그들조차도 마르크스주의의 집단 소유를 포기하고 사실상 에르하르트(Ludwig Erhard)의 시장 경제 정책을 받아들일 수밖에 없게 되었다고 존슨은 덧붙인다.[280]

메르켈의 집무실에는 2006년부터 독일 표현주의 화가 에밀 놀데(Emil Nolde, 1867–1956)의 그림이 2개 걸려 있었다. 그런데 2019년 4월 어느 날 갑자기 그의 그림을 베를린 현대미술관(Museum für Gegenwart)으로 보내버렸다.[281] 에밀 놀데가 과거 반유대주의를 추앙한 나치 당원이었다는 사실이 최근 밝혀졌기 때문이다.[282] 그녀가 독일 총리에 오른지 2년 뒤인 2007년 9월 25일에 전 세계가 주목하는 유엔 총회 연설에서 그녀는, 전 세계를 단단하게 묶어주는 개인적인 신념을 밝히는 중에 매우 의미심장한 말을 남겼다.[283]

나 이전의 모든 독일 총리들은 이스라엘에 대한 독일의 특별한 역사적 책임을 의무로 여겼습니다. 나 역시 이런 특별한 역사적 책임을 명확하게 인정합니다. 그것은 독일의 국가 이성에 해당합니다. 다시 말해, 독일 총리인 나에게 이스라엘의 안전은 결코 협상의 대상이 아닙니다.

국가 이성(國家理性, die Staatsräson, raison d'État), 이것은 '국가가 국가이기 위하여 국가를 유지 · 강화해가는데 필요한 법칙 · 행동기준'을 말한다.[284] 다시 말해, 국가의 임무에 담긴 합리성과 영리함, 국가의 관심 그리고 국가가 뿌리를 두고 있는 정치적 합리성을 뜻한다고 코르넬리우스는 정리했다.[285]

그런 의미의 연장선에서 그녀는 희생 제물을 뜻하는 '홀로코스트(Holocaust)'라는 단어를 사용하지 않는다. 2차 대전 중, 유대인들이 나찌 정권에 의해 희생 제물로 대량 학살을 당한 것이 아니기 때문이다. 그 대신 이스라엘의 유대인들이 사용하는 '쇼아(Shoah, 대재앙)'라는 히브리어 단어를 그녀도 선호한다. 그녀는 이스라엘의 의회(Kneset)에서 연설한 최초의 독일 수상이었다. 2018년 이스라엘의 건국 60주년을 기념하여 방문해 히브리어 인사말로 시작된 연설에서 그녀는 다시 한번 국가 이성을 거론했다. 주요 내용은 다음과 같다.[286]

신사 숙녀 여러분, 독일과 이스라엘은 쇼아에 대한 기억으로 특별하게 연결되어 있고 이 연결은 영원할 것입니다 … 독일의 이름으로 행해진 600만 유대인의 대량 학살은 유대 민족과 유럽, 전 세계에 형언할 수 없는 고통을 안겨 주었습니다. 쇼아는 우리 독일인들을 수치심으로 가득 채웁니다. 희생자들 앞에 저는 머리를 숙입니다. 저는 생존자들 앞에서, 그리고 그들이 살아남을 수 있도록 도와준 모든 사람들 앞에서 머리를 숙입니다 … 제가 태어나서 35년간 살았던 동독에서는 '나치즘은 순전히 서독의 문제'라고 배웠습니다. 동독은 그들의 몰락 얼마 전까지도 이스라엘 국가를 인정하지 않았습니다. 모든 독일인들이 이스라엘에 대한 책임과 이스라엘 국가를 인식하는 데 40년이 넘게 걸렸습니다.

신사 숙녀 여러분, 만약 이란이 핵무기를 보유하게 된다면 그것은 비참한 결과가 될 것입니다. 첫째 이스라엘의 안보와 존립을 위해, 둘째 유럽과 세계에서 자유와 민주주의 그리고 인간의 존엄성을 소중히 여기는 모든 사람들을 위해서 이것은 막아야 합니다 … 독일의 모든 정부와 나보다 앞선 모든 독일 총리가 이스라엘 안보에 대한 독일의 특별한 역사적 책임이 있음을 분명히 강조하고 싶습니다. 이 역사적 책임은 내 조국의 국가 이성의 한 부분입니다. 독일 수상으로서, 이스라엘의 안보 문제는 절대로 협상의 대상이 아님을 밝힙니다.

물론 독일의 역대 총리들 중 다수가 나찌의 만행에 대한 독일 국민의 대한 책임과 사과의 뜻을 표명했지만, 메르켈 총리만큼 유대인과 이스라엘 편을 노골적으로(?) 든 총리는 없었다. 코르넬리우스의 지적대로, 메르켈 총리는 독일과 이스라엘의 관계를 새로운 수준에 올려 놓았다.[287] 이제 독일과 이스라엘은 뗄 수 없는 관계로 묶였을 뿐 아니라, 독일에게 이스라엘의 안전과 보호를 위한 중요한 임무를 부여한 것이다. 그리고 그것은 빈 말이 아니었다. 2006년 레바논 전쟁 때, 헤즈볼라로 불법 무기가 조달된다는 레바논 해안에 독일의 해군 함선이 파견되어 감시 임무를 맡았다. 이스라엘 근처로 독일군의 파병은 처음 있는 일이어서 많은 반대 여론이 있었지만, 메르켈은 끝까지 관철시켰다. 또 2019년 처음으로 폴란드 아우슈비츠를 찾았을 때도 메르켈 총리는 독일인이 저지른 야만적인 범죄를 부끄럽게 여긴다면서 "책임을 인식하는 것은 독일 정체성의 일부"라고 분명하게 말했다.

그와 함께 전 세계적으로 다시 고개를 들고 있는 인종 차별주의에 대해서도 깊은 우려의 목소리를 냈다.[288] "우리는 우려스러울 정도의 인종주의와 증가하는 무관용, 증오 범죄를 경험하고 있습니다. 자유 민주주의의 근본 가치에 대한 도전과 위험한 역사 수정주의도 목도하고 있습니다."

그뿐이 아니다. 메르켈은 유럽 연합(EU)에 대하여도 "독일은 유럽의 단결을 언제나 국가 이성의 일부로 이해합니다"라며 독일의 국가 이성을 언급했다.[289] 여기서 그녀는 "독일 연방 공화국은 동동한 권리를 가진 유럽 연합의 회원국으로서 세계 평화에 공헌할 것을 표방한다"라는 독일 헌법 전문까지 인용했다. 유럽 연합만큼 국가 이성이 중요한 곳은 없으며, 유럽 연합이 없으면 독일도 없다는 것을 강조하기 위함이다. 또한 그리스 재정 위기 때도 "유로화가 실패하면, 유럽이 실패하는 것이다(If the euro fails, Europe fails)"라는 실존적 용어로 유로화 위기를 가장 잘 규정했던 사람은 메르켈이었다. 하지만 그것은 유럽 연합의 근간에 돈만 있다는 것을 의미했던 것은 당연히 아니다. 메르켈 총리는 열심히 일했지만 그 대가로 거의 아무 것도 얻지 못했다는 것을 구 동독 주민들은 잘 알고 있다고 자주 말한다. 열심히 일한 대가로 괜찮은 생계를 꾸릴 수 있는 능력을 보장하는 것이 이념 간 경쟁에서 매우 중요하다는 것을 시사한 것이다.[290]

메르켈은 동독에서의 35년을 살면서 국가가 가지 말아야 할 길이 무엇인지를 배웠다.[291] 그 길에 들어서는 순간 얼마나 많은 고통과 피해를 그 구성원들이 겪어야 하는지 뼈아프게 경험했기 때문이다. 최근 그녀는 시리아 난민 문제로 국내외의 많은 비판을 받고 있지만, 그녀는 단호했다. 공격하는 야당 의원들에게 "전쟁으로 어쩔 수 없이 고향을 떠나야 했던 사람들을 우리가 국경에서 거부한다면, 독일은 더 이상 나의 조국이 아닙니다"라고 강하게 응수했다. 메르켈은 정치가 중요한 이유가 우리 자신보다 위대한 대의에 헌신해야 하는 것이라고 생각하는 사람이다.[292] 그녀 자신이 정치계에서 살아남을지 여부가 아니라, 중요한 것은 그녀의 행동이 타당한가라고 크보트럽은 강조했다. 그러면서 그녀가 2015년 12월 독일에서 난민 위기가 한창이던 시기에 있었던 기민연 당내 연설 하나를 소개한다.[293] "우리 당은 기독교 가치, 주님께서 모든 인간마다 존엄성을 부여하신 뜻에 기반하고 있습니다. 이는 곧 우리나라에 도착한 이들을 집단이 아닌 개인으로 인식해야 한다는 의미입니다. 모든 인간은 주님께 부여받은 존엄성이 있기 때문입니다." 그녀의 분명한 이 발언에 청중들의 기립 박수는 9분간이나 지속되었다.

그녀의 이 날 연설은 1946년 기민연(CDU) 창당식이 열린 쾰른대학교 강당에서 콘라드 아데나워 수상이 제시한 독일의 미래상과 부합한다.[294] "새로운 국가는 더 이상 개인을 지배하지 않을 것입니다. 각자가 책임을 지고 모든 생활을 영위해 나가게 될 것입니다. 그리고 기독교 윤리가 독일 사회의 근간이 될 것입니다. 독일은 연방국가가 되고, 유럽 연방의 궁극적인 탄생을 염두에 둘 것입니다." 메르켈은 분명하게 인식하고 있었다. 전후 동독에서 자행된 레닌주의에 입각한 중앙

집권적 산업 국유화와 집단주의 그리고 관료주의에 따른 획일화가 가져다준 비참한 결과를 말이다. 그녀가 살았던 동독은 폴 존슨의 표현대로 "나찌의 괴벨스나 말년의 히틀러가 좋아했을 급진화된 나찌 국가(a radicalized version of the Nazi state)"에 불과했기 때문이다.[295]

Snapshot #11

콘라드 아데나워 : 독일의 재무장 문제

아데나워 수상은 서독이 1949년의 대서양 조약으로부터 탄생한 북대서양조약기구(NATO)의 일원이 되기를 갈망했다. 공산당의 위협을 심각하게 여기고 있던 그는 서독의 안보 문제에 대해 늘 염려했을 뿐만 아니라 북대서양조약기구의 회원국이 된다는 것은 서독이 완전한 주권 국가가 되는 데 매우 중요하다고 확신했기 때문에 그 일을 더욱 적극적으로 추진했다.

그러나 독일이 재무장을 하기 위해서는 극복해야 할 문제들이 너무 많았다. 히틀러가 일으킨 전쟁이 끝난 지 채 5년도 지나지 않은 이때 군대 문제를 언급한다는 것 자체가 바람직하지 않았던 것이다. 특히 프랑스는 북대서양조약기구의 엄격한 통제 아래서도 독일군을 불신하고 있었다. 독일사회민주당(SPD)은 독일이 재무장을 하게 되면 독일 통일은 사실상 불가능하다고 강조하면서 재무장 계획에 반대했다. 그들은 독일의 방위는 북대서양조약기구(NATO)에 맡겨야 한다고 주장했다. 그 주장은 군대에 입대할 의사가 전혀 없는 독일의 "나는 아닌(Ohne mich)" 젊은 세대에게 인기를 끌었다. 이번에도 독일사회민주당(SPD)은 냉전의 현실을 제대로 이해하지 못했다. 그들의 집단 안보 계획은 너무나 모호하고 비현실적이었다.

1952년 3월 10일 스탈린은, 독일은 통일될 수도 있고 중립 국가로 남아 독자적인 군대도 창설할 수 있다고 언급해 독일사회민주당과 재무장에 반대하는 이들을 설레게 했다. 그러나 아데나워는 그 제안을 즉석에서 거절했다. 미국이나 영국, 프랑스 역시 독일이 소련의 영향 아래 중립국가로 존재하는 것을 원하지 않았다. 그는 친 서방 정책(Westbindung)을 고수할 것임을 확실히 하고, 독일이 중립국가가 되면 소련에 지나치게 의존하게 되거나 공산화될 가능성이 높다고 판단했던 것이다. 아데나워는 그 당시에는 많은 비난을 받았지만 오늘날은 그가 소련의 저의를 제대로 간파했음이 드러났다. 더욱이 스탈린의 제안만으로 독일 통일 문제가 해결될 수 있는 것도 아니었다.

– Martin Kitchen, The Cambridge Illustrated History of Germany
(London: Calmann & King Ltd., 1994);
유정희 역, 『케임브리지 독일사』
(서울: 시공사, 2001), 339-340.

제12장

무티(Mutti)!

우리는 한 분의 하나님,

그리고 우리의 삶을 인도하시는 예수 그리스도를 믿고 있습니다.

– 앙겔라 마르켈, 2008년 가톨릭 성제주일행사 (Osnabrueck)

2005년 선거 유세를 위해 메르켈이 고향인 템플린을 방문했을 때이다. 한 할머니 한 분이 그녀에게 다가가 종이 몇 장을 내밀며 사인을 부탁했다. 그녀는 무심한 듯 사인을 해서는 그 할머니에게 건네주며 "벌써 다 쓰셨어요? 아버진 집에 계세요?"라고 묻고는 그냥 지나쳤다. 그녀의 무티(Mutti, 엄마)였다. 지금도 마찬가지이지만, 메르켈 총리의 가족들은 누구도 언론 인터뷰를 사절한다. 관심 갖는 것조차 부담스럽다는듯 피한다. 그리고 그 어머니가 2019년 4월, 90세의 일기로 세상을 떠났을 때도 언론은 뒤늦게야 알았다. 사적 영역을 존중해 달라는 총리실의 짧은 멘트가 전부였다. 세계에서 가장 크다는 베를린의 총리 공관을 놔두고 근처의 작은 아파트에서 거주하는 메르켈 총리의 장보는 모습은 우리에겐 다소 생소한 장면이다. 또 주말을 보내는 우커마르크(Uckermark)의 시골집에서도 마찬가지이다. 산보를 할 때에도 주민들과 일부러 피하지는 않지만 약간의 거리를 두고 서로들 편안하게 지낸다. 저녁이면 커튼이 없는 큰 창문을 통해 메르켈이 부엌에서 일을 하며 탁자에 앉은 남편 자우어와 가벼운 대화를 나누는 모습이 주민들에게 목격되기도 한다.[296]

사람들은 이를 가르켜 '엄마 리더십'이라고 표현한다. 그것이 무엇인지 한기봉은 다음과 같이 잘 정리했다.[297]

> '정치는 이미지라고도 하지만 메르켈은 자신을 도드라지게 하는 데 전혀 관심이 없는 편이다. 여성임을 표나게 앞세우지도 않는다. 카메라를 의식하지도 않는다. 대처처럼 대차지도 않고, 힐러리처럼 화려하지도 않고, 패셔니스타로 통하는 이웃 영국의 테리사 메이 총리처럼 차림새에 신경 쓰지도 않는다 … 메르켈의 인간적 품성을 한마디로 말한다면 소박한 차림, 검소한 생활, 소탈한 품행이다. 마초 같은 상남자 푸틴 러시아 대통령에게 결코 밀리지 않는 뚝심에, 이웃집 아줌마 같은 편안함이 정치적 장수의 첫 번째 비결이라고 분석한 정치평론가가 많다. 그래서 독일인이 붙인 그녀의 별명은 '무티(Mutti, 엄마)'이고 그녀의 리더십은 '엄마 리더십'이라고 불린다. 그에 대한 독일 언론의 평가 중 가장 인상적인 것이 있었다. "메르켈은 권력을 가진 것을 특별하지 않은 일로 바꿔 놓았다. 그녀는 권력을 과시하지 않는 힘을 가졌다."'

메르켈 총리가 처음 등장했을 때 많은 사람들은 매우 의아해 했으며, 그래서 먼저 검증이 필요하다고 보았다. 그만큼 잘 알려지지 않았

기 때문이다. 코르넬리우스는 다음과 같이 사람들이 공히 갖고 있는 질문을 던진다.[298]

> '오래도록 침묵을 지키다 반 세대도 안 되어 독일 보수 국민정당에서 권력을 거머쥔 이 여인은 누구인가? 눈에 띄지 않게 조용히 유럽 지도자들의 정상에 오른 이 여성 정치가는 누구인가? 독일 사람들은 몇년 동안 '메르켈 수수께끼'에 사로잡혔고 그녀의 성격과 속내를 읽으려 애썼다. 이제 세계가 그녀를 궁금해 한다. 그녀의 정치 능력은 어디서 왔을까? 그녀의 세계관은 무엇일까? 그녀의 가치관은 무엇일까? 메르켈은 자신에게 쏟아지는 세상의 관심을 달가워하지 않는다. 이것이 또한 그녀가 다시 정상에 오른 이유이기도 하다. 이번에 그녀가 원하는 지위는 외교 정치가로서의 행정부 수반이다. 만약 독일의 이런 객관적 권력이 유럽에 위협으로 인식된다면, 메르켈은 이를 어떻게 다룰까?'

그러나 총리 생활 8년 째였던 2013년 그녀의 권력은 다시 한 번 정점에 올라섰다. 유럽에서 가장 부유하고 경제가 큰 국가의 총리이며, 경쟁자가 없을 정도로 당의 압도적 지지를 그녀는 받는다.[299] 뿐만 아니라 유럽은 물론 전 세계가 그녀의 결정에 촉각을 세우고 있으며, 독일연방공화국 역사상 독일 총리가 이런 특별한 위치에 있었던 적은 없었다고 코넬리우스는 지적한다.[300] 원하지도 않았고 목표로 삼지도 않았지만, 그녀의 어깨에 독일뿐 아니라 유럽의 장래와 운명이 걸린 셈이다.

1996년 4월 헬무트 콜 내각에서 환경부 장관이 된 그녀가 체르노빌 원전 사고 발생 10주년에 즈음한 국제회의를 주도하게 되었다.[301] 평소 "동구권의 낡은 원전은 STOP, 독일의 안전한 원전은 OK!" 라는 지론을 내세우던 그녀는 체르노빌 사고 지역에 방문단과 기자들을 대동하고 가서 동구권 원전 관리의 현실을 보여주고 싶었다. 첫날 방문한 현지 소아 병동에서 머리카락이 하나도 없는 소녀의 침상 곁에 앉아 그녀는 잠시 러시아어로 그녀와 대화를 나누었다. 그리곤 그녀가 곧바로 자리를 떠나버렸다. 단 이틀간의 짧은 방문인지라, 이곳에서 의미 있은 사진을 찍으려던 기자들을 아랑곳하지 않고 나가 버린 것이다. 기자들의 원성이 높아졌다. 그리고 다음 날 드디어 일이 터졌다. 어느 젊은 기자가 메르켈 일행이 우크라이나 관리들과 회의를 하는 공식적인 자리에서 껌을 씹고 있는 모습이 그녀 눈에 띄었다. 그녀는 기자에게 다가가 정색을 하며 상대방에 대하여 "존중하는 마음이 없다" 라고 강한 질책을 했다.[302] 다른 사람 같으면 모르는 척 넘어갔을 상황이었고, 또 어제 병원에서의 일을 생각하면 정치인으로서 언론인들에 대한 배려가 너무 부족한 것 아니냐는 불만이 나올 수 있었다. 그러나 그녀는 개의치 않았다. 사진 잘 나오라고 아픈 소녀 앞에서 포즈를 취하고 싶은 마음도 없었고, 또 동구권 가난한 나라에 와서 매너 없는 행동을 하는 독일 젊은이를 그냥 보고 넘어갈 메르켈이 아니었다.[303] 그날 그녀의 차가운 시선을 그 젊은 기자는 평생 잊지 못할 것이다.

복잡한 시대 상황과 모두의 시선 속에서 움직이는 그녀가 붙들고 있는 가치관의 근거는 과연 무엇일까? 그녀가 소속한 독일 기민연(CDU)

이 나아가야 할 덕목으로 메르켈이 생각하는 기독교적 가치의 일곱 가지 개념은 '인간의 존엄성 보전', '원칙 준수', '이성적 행동', '뜻을 함께 하는 이들과의 연대', '끊임없는 생각', '신뢰', '겸손' 등이다.[304] 다소 의외이지만 일곱 가지 덕목에 성경적인 표현은 절제되어 있다. 사실 앙겔라 메르켈 총리가 자주 사용하는 표현 중에 하나는 구약시대 선지자들이 선호했던 '정의의 태양(The sun of righteousness, 말4:2)'으로, 여기서 그녀가 말하는 정의의 개념은 사회 구성원 상호 간의 신뢰 관계를 보증하는 '연대(solidarity)'의 개념이라고 레징은 설명한다.[305]

'오늘날 사회 민주주의 국가의 기독교인들은 성경 말씀이 증언하는 '정의(Tzedekah)' 개념의 심오한 의미를 알아야 합니다. 이를 통하여 사회 공동체 구성원 간에 신뢰감를 회복할 수 있습니다. 우리는 하나님과 인간 사이의 신뢰와 사귐을 의미하는 정의를 삶의 현장 속에서 구체적으로 실현해야 합니다.'

즉 정의의 개념이란 사회정치적인 의미만을 지닌 것이 아니라는 것이다. 그러면서 메르켈 총리는 자유시장 경제 체제를 다음과 같이 신학적으로 정당화한다.[306] "경쟁의 원리는 경제적 영역에만 국한된 것이 아닙니다. 이는 기독교적인 인간 이해와도 결부되어 있습니다. 시장 경제는 인간 문명의 진보 결과입니다. 왜냐하면 인간은 상호평등하게 경쟁할 수 있는 권리를 지니고 있기 때문입니다." 그러면서 그녀는 우리가 해결해야 할 사회적 · 경제적 문제들을 영적 · 정신적인 차원에서 바라보는 것도 필요하다고 주장하는 것이다.[307]

앞에서도 언급했지만 그녀의 경건한 신앙 생활의 근간은 어릴 적 동

독의 시골 교회에서 배우고 길들여진 것이다.[308]

'내가 목사관에서 어린 시절을 보냈다는 건만으로 저의 신앙이 자연스럽게 형성되었다고 말하기는 곤란해요. 하지만 저는 유한한 현 세계를 초월하여, 우리가 하나님 혹은 그 이상의 위대한 것이라고 부를 만한 무엇인가가 존재한다고 믿어요. 이 원리에 우리가 순종할 때만 자신의 능력을 발휘할 수 있다고 믿지만, 저는 오히려 우리에게 행복할 날보다 불행할 날들이 더 많다고 생각하며 좌절할 때가 있었어요. 그러나 교회는 저에게 항상 평안한 삶을 살 수 있도록 도와주기 때문에 희망을 품는 답니다. 따라서 저는 인간적 한계를 느끼면서 그 안에서 번민하지만, 교회는 저의 막연한 삶에 불안감을 해소시켜주며, 저에게 희망을 품을 수 있도록 도와준답니다. 한 인간이 죄를 지을 수도 있으며, 또한 타인의 죄를 용서해야 한다는 신앙의 진리는 제 마음을 항상 편안하게 만들어 줍니다. 만약 그럴 수 없었다면 아마 우리는 미쳐버렸을 거예요. 제가 물리학을 연구하고 있었을 때, 저는 교회 안에서 이성적인 것을 추구하지 않았어요. 왜냐하면 목사님의 설교는 더 이상 저의 이성적인 부분을 자극하지 않았으니까요. 오히려 교회는 저의 감성을 충족시켜 주었답니다.'

2005년 첫 번째 총리 취임 연설문에서 그녀는 지금까지 관례적으로 늘 들어가 있었던 "하나님께서 우리의 조국 독일을 축복하시길"이라는 문장을 삭제하도록 지시했다. 그녀는 공식석상에서 신앙적 표현의 사용을 원치 않았다. 신앙이 정치적으로 이용되는 것보다 개인의 삶속에서 역동적으로 살아 있어야 한다는 생각이었다.[309] 그녀가 기민연(CDU) 개신교 노동자위원회 40주년 행사에서 한 연설 속에도 그녀의 생각이 잘 녹아 있다.[310]

'저는 기독교적 정치의 실현이 가능하다고 믿는 이들과는 다릅니다. 기독교 신앙은 오직 저에게 방향만 제시할 뿐입니다. 기독교 신앙은 저에게 삶의 의미를 일깨워주며, 더 나아가 이를 통하여 희망을 안겨주고, 저를 격려할 따름입니다. 아울러 기독교 신앙을 통하여 저는 인간적 한계를 체감하면서 하나님 앞에서 겸손해집니다. 따라서 저는 독일 사회 내에서 개신교회의 대 사회적 영향력이 증대하기를 소망합니다. 하나님과 인간 앞에서 우리의 행동하는 양심이 격려받으며, 이를 통하여 우리의 정치적 결단이 의미있게 되기를 기원합니다.

그녀는 오히려 다음과 같이 신앙과 정치의 관계를 설정하였다.[311] "제가 정치적인 목표에 도달하기 위하여 기도한다면 그것은 정직하지 못한 일입니다. 오히려 하나님께 항상 하루하루를 열심히 살아갈 수 있도록 능력과 건강을 주실 것을 기도드립니다. 나머지 부분은 제가 채워야겠지요." 그러면서 그녀는 세상 속에서 자신의 신앙이 가져다 준 특혜를 다음과 같이 표현하였다.[312] "그렇습니다. 신앙은 나와 타인들에 대한 관용적 시각과 사회에 대한 책임 의식을 길러줍니다. 제가 만일 무신론자였다면, 이와 같은 책임 의식을 지닐 수 없었을 것입니다. 신앙은 언제나 제가 무겁게만 느끼는 삶의 부담감을 가볍게 만들어 줍니다."

그렇기에 그녀는 작금의 유럽인들이 교회와 신앙에서 점점 더 멀어지는 것에 마음이 아픈 것이다.[313]

대부분의 유럽인들이 마치 하나님의 존재를 부인하는 무신론자처럼 살고 있지는 않습니까? 구약 시대에 예언자 말라기는 이스라엘 백성들이 그들을 구원하시는 하나님을 기억하기를 원했습니다. 오늘날도 마찬가지입니다. 저는 이와 같은 예언자 말라기서의 시대적 배경이 오늘날과 유사했을 것이라고 생각합니다. 우리 독일 사회 내의 기독교인들에게 사회적-정치적 책임에 대한 윤리적 의식을 각성하는 작업이 필요하지만, 예배에 참석하지 않는다면 과연 우리가 살아있는 기독교 신앙인이라고 자부할 수 있겠습니까?

그러면서 그녀는 다음과 같은 간절한 호소로 독일 국민들이 다시금 교회와 하나님 앞에 서기를 호소하고 있다.[314] "우리가 어떻게 기독교인으로써의 정체성을 확립하며 보존할 수 있습니까? 그것은 살아있는 신앙, 예배의 감격을 느끼는 삶을 통해서만 가능합니다. 따라서 우리는 후세에게 신앙에 전통을 올바로 전달하기 위해 진정으로 하나님께 예배드릴 수 있도록 노력해야 할 것입니다."

Snapshot #12

독일 평신도 운동 : 교회의 날 (Kirchentag)

독일 교회의 날의 기원은 1800년대 중반으로 거슬러 올라간다. 1848년 9월 21일부터 23일까지 비텐베르크에서 열린 교회의 날을 기점으로 1872년까지 열 여섯 번의 교회의 날이 열렸는데 그 성격은 오늘의 교회의 날과 많이 달랐다. 주로 남성 지도자들이 중심이 되어 남성 교인들이 모여 평신도 운동과 관련된 주제들을 다뤘다. 이들은 교회와 국가의 관계, 교회 일치, 디아코니아, 주일 성수 기독교인과 국가, 이단, 교육 문제 등의 주제를 다뤘다. 그 후 1919년부터 1930년까지 교회의 날이 행사가 열렸는데, 주(州) 교회들이 중심이 되어 당대의 주요한 이슈들을 다뤘다. 이는 오늘의 교회의 날 행사와 많이 유사하다.

현대 교회의 날의 출발은 1949년 하노버 대회를 기점으로 한다. 독일 복음주의 교회연맹(DEK)이 개최한 독일 복음주의교회 주간(독일에서 복음주의는 개신교회를 의미) 마지막 날 라인홀드 폰 태든 트리갈프는 2차 대전의 경험을 기억하며 나찌 치하 국가 권력으로부터 독립적인 교회의 위상을 확립할 수 있는 평신도 중심의 '지속적인 기구'의 설립을 주장하였다. 처음 그가 그린 그림은 사람들이 자유롭게 자기의 생각을 말하고 전할 수 있는 시장의 모습이었다. 트리갈프의 제안에 담긴 정신은 "독일에 있는 교회들이 신앙 안에서 자신의 능력을 강화하고, 자신이 속한 교회 안에서 자신의 책임을 준비하고, 세계를 향하여 믿음을 증언하도록 격려하고, 그리스도 교회에 속한 모든 기관들과 연대하는 것"이었다.

이러한 목적으로 시작한 교회의 날은 초기부터 독일 교회와 사회에 큰 도전을 주고 그보다 더 큰 지지를 받았다. 1949년 1차 대회 참가자는 5천 명을 조금 상회했으나, 1950년 에센에서 열린 2차 대회 25,000, 1951년 베를린 3차 대회 7만

명, 1952년 4차 슈투트가르트 대회 4만 명, 1953년 함부르크 대회 6만 명, 1954년 라이프찌히 대회 6만 명, 1956년 프랑크푸르트 대회 5만 5천명이 참가하였고, 1957년 베를린 대회, 59년 뮌헨 대회, 61년 베를린 대회, 63년 도르트문트 대회, 65년 쾰른 대회에 이르기까지 4만 명에서 1만 2천명 선을 오가다가 1981년 베를린 대회를 기점으로 10만 명이 넘은 참가자들이 찾아오고 있다.

교회의 날은 2차 세계대전 이후 무너진 독일 교회와 사회에 그리스도의 능력으로 생명을 전하고 새로운 회복의 정신과 방향을 전하는 것을 중요한 주제로 삼고 있다. 평신도들의 자발적인 운동으로 출발해 현재 독일뿐 아니라 전 세계에서 매번 10만 명 이상이 참가하는 독일적이면서 동시에 국제적인 에큐메니칼 행사가 되었다. 2013년에 함부르크에서 열린 34차 대회에는 2500개 프로그램과 10만 명의 참가자 그리고 3만 명의 자원봉사자가 참여한 가운데 행사가 진행됐다. 아마도 전 세계에서 진행되는 기독교 행사 가운데 가장 큰 규모가 아닐까 생각된다.

– 박도웅 목사, 기독교타임즈
http://m.kmctimes.com/news/articleView.html?idxno=40330

에필로그

메르켈에게 통일은 자유였다. 그녀가 35년 동안이나 제대로 누릴 수 없었던 자유였다. 때론 참아야 했고, 또 때론 포기해야 했던 그 자유 말이다.

소련을 비롯한 사회주의 국가들이 무너진 것은, 단점이자 동시에 장점이 될 수 있는 '이기심'이라는 인간의 본성을 무시한 계획 경제라는 경직된 시스템이 만들어 낸 결과였다. 인간의 자유와 창의성이 억압된 사회, 앙겔라 메르켈이 동독을 자신의 조국으로 생각하지 않은 이유이기도 하다. 그만큼 자유란 소중한 가치이다. 그녀는 자신의 선택은 아니었지만 억압된 자유 속에서 산다는 것이 얼마나 고통스러운 것인지를 잘 알고 있었다. 그리고 그 고통을 신앙의 힘으로 이겨냈다. 하나님께 맡길 수밖에 없다고 생각했기에, 하나님이 주시는 '내적 자유'에 기대었던 것이다.

랍비 조나단 삭스는 구약 성경의 가장 대표적인 사건으로 유대 민족의 출애굽 스토리를 찾는다. 하나님께서 노예로 살고 있던 한 민족에게 '자유'를 선물로 주셨다. 그래서 그들 유대 민족에게 하나님은 자유의 하나님이시다. 유대인의 십계명이 이 출애굽 사실을 언급하며 시작되는 이유이며, 바로 서독 출신 앙겔라 메르켈이 동독에서 빼앗겼던 자유의 가치를 그렇게 소중하게 여기는 이유이다. 그래서 역사는 자유를 제한하려 했던 독재자와 그런 정치 시스템의 폐해를 반복해서 증명하고 있다. 독일은 통일을 통해 동독 주민들에게 소중한 자유를 선물로 주었다.

연세대 원로교수이신 김동길 박사께서 언젠가 전 세계 지도자들의 인상을 평가하며, 단연 독일의 메르켈 총리를 제일 먼저 꼽았던 적이 있다. 미모는 아니지만, 일국의 리더다운 품위가 드러나는 얼굴임에는 틀림이 없다. 그녀와 대화를 나누어 보진 못했지만 최소한 화면에서 보이는 그녀는 영락없는 '무티(엄마)'이다. 앙겔라 메르켈은 단순히 똑똑하고 공부 잘하는 모범생만은 아니었다. 어쩔 수 없이 겪게 된 운명 앞에서 좌절하고 불평만 앞세운 것이 아니라 부모에게서 배운 신앙의 힘으로 그녀는 자신의 삶을 개척해 나갔으며, 또한 아버지의 남다른 배려 덕분에 전체주의 사회를 이겨낼 수 있는 이성과 논리로 무장한 분별력을 소유하게 되었다. 그러므로 그녀는 소신이 분명한 사람이기에 때론 냉정한 투사였다. 그러면서도 상대와 의견이 대립되는 상황에서 그녀는 늘 양쪽 진영이 함께 만족할 수 있는 해법을 찾아 고민하는 사람이었다. 그 덕분에 때론 시간이 걸리고 아무 것도 결정내리지 못하는 사람으로 비춰졌던 것이다.

독일의 정치 전문기자 출신의 작가 하요 슈마허(Hajo Schumacher)는 자국의 어떤 저명 인사도 한 개인의 내면에서 메르켈 총리처럼 많은 대립을 통합한 사람도 없다는 사실을 지적한다.[315] 전 유럽의 크고 작은 문제들, 동과 서, 시골과 대도시, 남과 여, 가톨릭과 개신교, 법학도들이 판치는 정치계에서 물리학도인 그녀가 화해와 통합으로 성공적인 결과들을 도출시켜 냈기 때문이다. 그것은 그녀가 단순 모범생이 아니라, 하나님의 말씀을 현실 속에서 적절하게 구현해낼 줄 알았다는 것에서 알 수 있으며, 그것은 그녀의 적극적인 대인 관계와 밝고 긍정적인 삶의 자세를 통해서 드러났다. 다시 말해, 만약 그녀에게 신앙의 힘이 없었다면 그녀가 사람들에게 그렇게 호감을 사지 못했을 수도 있으며, 네 번이나 독일의 총리로 역사의 한 페이지를 장식할 수도 없었을 것이다. 그리고 그녀는 그냥 '상대방을 오싹하게 만드는 사람', '철의 여인', '회색 생쥐', '남성 정치인 킬러', '기회주의적 여성 정치인', '뜸 들이기의 고수' 중의 어느 극단적인 한 모습으로만 보여졌을 수도 있었다.[316] 그러나 그녀에게는 기도와 찬양으로 채워나갈 수 있는 삶의 공간이 있었다. 그것이 그녀의 삶을 푸근한 '독일의 무티(엄마)'로, '국민 엄마'로 다가설 수 있게 만든 것이다.

통독 30주년을 맞아 주한독일대사 스테판 아우어(Stephan Auer)는 기념사를 통해 한반도의 통일 문제와 관련하여 이런 말을 했다.[317] "북한과 달리 동독은 서독을 침공하거나 군사적으로 도발한 적이 없고 핵폭탄과 같은 대량 살상 무기도 개발한 적도 없어서 통일에 대한 국민적 공감대 구축이 쉬웠으나, 한국은 훨씬 복잡하고 어려울 것이다." 그러면서 그는 "독일 통일의 경우 유럽 주변국 및 러시아의 반대에도 불구하고 미국의 전폭적 지원으로 가능했다"는 점을 특히 강조했다. 우리에게 정말 중요한 것은 통일 그 자체보다, 어떤 통일을 후손들에게 넘겨주느냐이다. 올바른 미래를 보장하는 선택이 중요한 이유이다.

주

1 a) Dennis L. Bark and David R. Gress, A History of West Germany VI (Oxford: Blackwell Publishing Ltd., 1933); 서지원 역, 『도이치 현대사 4–허상의 붕괴와 통일선택』 (서울: 비봉출판사, 2004), 158.

b) "통일에 대한 꿈을 꾸거나 떠들어대는 것 좀 이제 제발 중단합시다. 우리가 지금 해야 하는 것은 두 국가가 더 가까워지도록 만들어야 한다는 것, 삶의 수준과 개인의 자유에서 더 가까워져야 한다는 것입니다."(Laßt uns um alles in der Welt aufhören, von der Einheit zu träumen oder zu schwätzen. Was wir tun müssen: mehr Nähe schaffen zwischen den beiden deutschen Staaten, mehr Nähe beim Lebensstandard, bei den Freiheiten.); Egon Bahr, "Die DDR muß uns helfen", Bild am Sonntag, 01.10.1989)

2 Dennis L. Bark and David R. Gress, 『도이치 현대사 4–허상의 붕괴와 통일선택』, 126.

3 Dennis L. Bark and David R. Gress, 『도이치 현대사 4–허상의 붕괴와 통일선택』, 136.

4 Dennis L. Bark and David R. Gress, 『도이치 현대사 4–허상의 붕괴와 통일선택』, 156.

5 Dennis L. Bark and David R. Gress, 『도이치 현대사 4–허상의 붕괴와 통일선택』, 147.

6 https://www.spiegel.de/politik/deutschland/cdu-fuehrung-ist-angela-kasi-merkel-die-richtige-a-121942-amp.html

7 Helmut Kohl, Gespräch mit dem WDR-Journalisten Heribert Schwan zu Kohls 'Erinnerungen', 'Merkel konnte ja nicht mit Messer und Gabel essen.', Die Welt, 6. Oktober 2014;

8 민주개벽(DA)의 공동 창설자 에르하르트 노이베르트(Erhart Neubert) 목사; Stefan Kornelius, 『위기의 시대 메르켈의 시대』, 60.

9 Stefan Kornelius, Angela Merkel: The Authorized Biography (London: Alma Books Ltd., 2013); 배명자 역, 『위기의 시대 메르켈의 시대–앙겔라 메르켈 공인전기』 (서울: 책담, 2014), 61.

10 Stefan Kornelius, 『위기의 시대 메르켈의 시대』, 60.

11 Matthew Qvortrup, Angela Merkel-Europe's Most Influential Leader (New York City: Harry N. Abrams, 2016); 임지연 역, 『유럽에서 가장 영향력있는 리더, 앙겔라 메르켈』 (서울: 한국경제신문, 2017), 22.

12 Volker Resing, Angel Merkel-Die Protestantin (Freiburg im Breisgau: Verlag Herder GmbH, 2010); 조용석 역, 『그리스도인–앙겔라 메르켈』 (서울: 한들출판사, 2010), 26.

13 Matthew Qvortrup, 『유럽에서 가장 영향력있는 리더, 앙겔라 메르켈』, 26.

14 Matthew Qvortrup, 『유럽에서 가장 영향력있는 리더, 앙겔라 메르켈』, 47–48.

15 Stefan Kornelius, 『위기의 시대 메르켈의 시대』, 25.

16 Matthew Qvortrup, 『유럽에서 가장 영향력있는 리더, 앙겔라 메르켈』, 37.

17 Matthew Qvortrup, 『유럽에서 가장 영향력있는 리더, 앙겔라 메르켈』, 39.

18 Matthew Qvortrup, 『유럽에서 가장 영향력있는 리더, 앙겔라 메르켈』, 38.

19 Matthew Qvortrup, 『유럽에서 가장 영향력있는 리더, 앙겔라 메르켈』, 38.

20 Matthew Qvortrup, 『유럽에서 가장 영향력있는 리더, 앙겔라 메르켈』, 47.

21 "According to her teachers, Merkel was a ferociously motivated student, brilliant, tenacious and ambitious. She took no interest in clothes, fashion or school romances. Instead, there were three successive top performances in East Germany's Russian language Olympiad. By the age of 15, she was the national champion in the language of the occupiers.";
https://www.newstatesman.com/world/europe/2017/07/learning-machine-angela-merkel

22 Volker Resing, 『그리스도인–앙겔라 메르켈』, 32.

23 Volker Resing,『그리스도인–앙겔라 메르켈』, 22.
24 Matthew Qvortrup,『유럽에서 가장 영향력있는 리더, 앙겔라 메르켈』, 24.
25 Matthew Qvortrup,『유럽에서 가장 영향력있는 리더, 앙겔라 메르켈』, 27.
26 Matthew Qvortrup, "Moscow vs Merkiavelli", Magazine Prospect, Oct. 16. 2016; https://www.prospectmagazine.co.uk/magazine/moscow-vs-merkiavelli-putin-merkel-russia-germany-europe
27 Matthew Qvortrup,『유럽에서 가장 영향력있는 리더, 앙겔라 메르켈』, 49.
28 Volker Resing,『그리스도인–앙겔라 메르켈』, 29.
29 Matthew Qvortrup, "Moscow vs Merkiavelli", Magazine Prospect, Oct. 16. 2016; https://www.prospectmagazine.co.uk/magazine/moscow-vs-merkiavelli-putin-merkel-russia-germany-europe
30 Volker Resing,『그리스도인–앙겔라 메르켈』, 30.
31 Volker Resing,『그리스도인–앙겔라 메르켈』, 120.
32 Volker Resing,『그리스도인–앙겔라 메르켈』, 120.
33 Volker Resing,『그리스도인–앙겔라 메르켈』, 25.
34 Volker Resing,『그리스도인–앙겔라 메르켈』, 31.
35 신앙의 방패(Schild des Glaubens); Volker Resing,『그리스도인–앙겔라 메르켈』, 31.에서 재인용.
36 Volker Resing,『그리스도인–앙겔라 메르켈』, 35.
37 Spencer, Nick (6 January 2016). "Angela Merkel: How Germany's Iron Chancellor is shaped by her Christianity | Christian News on Christian Today". Christiantoday.com. Retrieved 5 April 2017.
"Video Podcast of the German Chancellor #37/2012" (PDF) (in German). 3 November 2012. Ich bin Mitglied der evangelischen Kirche. Ich glaube an Gott, und die Religion ist auch mein ständiger Begleiter – eigentlich in meinem ganzen Leben – gewesen. Wir sollten vor allen Dingen uns als Christen auch nicht scheuen, für unseren Glauben einzutreten. ; https://en.wikipedia.org/wiki/Angela_Merkel
38 Volker Resing,『그리스도인–앙겔라 메르켈』, 25.
39 Matthew Qvortrup,『유럽에서 가장 영향력있는 리더, 앙겔라 메르켈』, 32.
40 Volker Resing,『그리스도인–앙겔라 메르켈』, 21.
41 Volker Resing,『그리스도인–앙겔라 메르켈』, 26.
42 Matthew Qvortrup,『유럽에서 가장 영향력있는 리더, 앙겔라 메르켈』, 30.
43 Matthew Qvortrup,『유럽에서 가장 영향력있는 리더, 앙겔라 메르켈』, 50–51.
44 Hajo Schumacher, Die Zwölf Gesetze der Macht (München: Karl Blessing Verlag, 2006); 배인섭 역,『독일을 바꾼 기다림의 리더쉽』(파주: 아롬미디어, 2008), 58.
45 Volker Resing,『그리스도인–앙겔라 메르켈』, 23.
46 Volker Resing,『그리스도인–앙겔라 메르켈』, 22.
47 Volker Resing,『그리스도인–앙겔라 메르켈』, 24.
48 Stefan Kornelius,『위기의 시대 메르켈의 시대』, 29–30.
49 Matthew Qvortrup,『유럽에서 가장 영향력있는 리더, 앙겔라 메르켈』, 35.
50 Geert Mak, In Europa: Reizen door de twintigste eeuw (Amsterdam: Uitgeverij Atlas, 2004); 강주헌 역,『유럽사 산책–20세기 유럽을 걷다』(고양시: 도서출판 옥당, 2011), 299.
51 Geert Mak,『유럽사 산책』, 300.
52 Geert Mak,『유럽사 산책』, 284.
53 "독일의 어머니들은 소비에트 해방군에게 집단 강간을 당했다 … 그 기간 동안 약 200만 명의 독일 여성들이 소련군에게 강간을 당했다. 붉은 군대 지도부는 그런 잔혹상을 잘 알고 있었지만 아무런

조치도 취하지 않았다."; Geert Mak,『유럽사 산책』, 306–307.

54 "1945년 일본의 항복 뒤 소련군은 38선 이북에 진주하였는데, 소련의 정책을 지지하는 입장이었던 김일성은 소련군의 비행에 대해 방관하는 입장을 고수했다. 실제로, 소련군은 북한 여성에 대한 유린, 상인들에 대한 수탈을 수차례 자행했으며, 이는 조선민주주의인민공화국 인민들이 자발적으로 양호단과 같은 자위 단체를 구성하는 계기가 되었다. 또한, 소련군은 일본과 치른 전쟁에 대한 배상의 일환으로, 수력 발전소 시설, 공장 시설, 쌀농사의 1/4를 공출하는 등 심각한 경제 수탈을 저질렀으며, 이에 대한 결과로 38선 이북에서 수만 명의 실향민이 월남하기도 하였다. 김일성이 소련군의 불합리한 처사에 대해 적극적으로 대응하였다는 기록은 보이지 않는다.";
https://ko.m.wikipedia.org/wiki/김일성#소련_극동군_제88독립보병여단_(1940~1945)

55 Dennis L. Bark and David R. Gress,『도이치 현대사 4–허상의 붕괴와 통일선택』, 236–237.

56 "미국 정부는 유럽부흥계획이라는 이름으로 서유럽의 경제원조에 130억불(현재가치 1,200억불)을 투입했다"; Matthew Qvortruo, Angela Merkel-Europe's Most Influential Leader (New York City: Harry N. Abrams, 2016); 임지연 역,『유럽에서 가장 영향력있는 리더, 앙겔라 메르켈』(서울: 한국경제신문, 2017), 19.

57 Paul Johnson, Modern Times: A History of the World from the 1920s to the 1980s (London: Weidenfeld & Nicolsons, 1991); 조윤정 역,『모던타임스 Ⅱ』(파주시: 살림출판사, 2009), 117.

58 Paul Johnson,『모던타임스 Ⅱ』, 161–163.

59 Paul Johnson,『모던타임스 Ⅱ』, 164.

60 Paul Johnson,『모던타임스 Ⅱ』, 165.

61 a) Martin Kitchen, The Cambridge Illustrated History of Germany (London: Calmann & King Ltd., 1994); 유정희 역,『케임브리지 독일사』(서울: 시공사, 2001), 360.
b) 안삼환은 SED (Sozialistische Einheitspartei Deutschlands)에 대한 통상적인 한글 번역인 '독일사회주의통일당'이 잘못되었음을 지적한다. 왜냐하면 여기서 'Einheit'는 통일과는 전혀 상관없는 당시 공산당과 사민당의 통합을 의미하기 때문이라고 주장했다; 안삼환, "통독 이후의 동독과 동독인들",『독일어문화권연구』(서울대학교, 2002), 8–9; http://s-space.snu.ac.kr/bitstream/

62 어릴 적에 들었던 "One man's effort could achieve what whole armies could not. One spy could decide the fate of thousands of people." 라는 말에 감동되어 KGB 요원이 된 블라디미르 푸틴 중령은 통독 당시 드레스덴(Dresden)의 슈타지와 KGB 요원 아파트에 가족들과 함께 거주; https://www.bbc.com/news/magazine-32066222

63 Karsten Dümmel & Melanie Piepenschneider, Hg. Was war die Stasi?-Einblicke in das Ministerium für Staatssicherheit der DDR (Berlin: Konrad-Adenauer Stiftung, 2002); 김영윤 역,『슈타지의 정체는 무엇이었나?, 동독 국가안보보위성의 실체』, (서울: 통일연구원, 2010), 22.

64 Paul Johnson,『모던타임스 Ⅰ』, 114.

65 Martin Kitchen,『케임브리지 독일사』, 361.

66 Martin Kitchen,『케임브리지 독일사』, 387.

67 Martin Kitchen,『케임브리지 독일사』, 387.

68 Martin Kitchen,『케임브리지 독일사』, 364.

69 "종전 후 정부 수립(1949)에서 독일 통일(1990)까지 동독 이탈주민의 이주 형태와 특징 및 동기를 살펴보면 다음과 같이 세 시기로 구분할 수 있다.
* 1기 (1949~1961.8.12.) : 3,419,042(이탈주민)

* 2기 (1961.8.13.~1988) : 234,684(이탈주민) + 381,376(합법이주민) = 계 616,060
* 3기 (1989~1990.6.30.) : 480,291(이탈주민) + 101,947(합법이주민) = 계 582,238
총 합계 : 4,134,017(이탈주민) + 483,323(합법이주민) = 계 4,617,340.
; 허준영(서울시정개발연구원), "서독의 동독 이탈주민 통합정책", 『FES(Friedrich-Ebert-Stiftung) Information Series』, 2011-06.

70 Paul Johnson, 『모던타임스 II』, 415.

71 https://www.irishcentral.com/roots/history/jfk-berlin-wall-speech

72 Matthew Qvortrup, 『유럽에서 가장 영향력있는 리더, 앙겔라 메르켈』, 20.

73 Volker Resing, 『그리스도인-앙겔라 메르켈』, 30.

74 서정일, "구동독의 교회와 국가와의 관계에서 평화정착을 위한 동독교회의 노력", 『기독교 사상』, 2005 (5), 221.

75 서정일, "구동독의 교회와 국가와의 관계에서 평화정착을 위한 동독교회의 노력", 221.

76 Volker Resing, 『그리스도인-앙겔라 메르켈』, 31.

77 "2016년 기준, 독일 전체 인구 8,076만 명 중 개신교는 2,304만 명(전 인구의 28.5%), 가톨릭은 2,417만 명(전 인구의 30%), 여기에다 기타 기독교 교파를 합하면 4,974만 명, 전 인구의 61.6%가 구교 및 신교도를 포함한 기독교인이다. 주일 정규 예배 참석 인원은 약 80만 명이다. 이 수는 총 교인의 4%에 지나지 않는다. 그리고 독일 기독교인들은 교회 출석과 상관없이 종교세를 내고 있다. 가톨릭교도이든 개신교도이든 막론하고 소득세의 8%(바이에른과 바덴-뷔르템베르크), 그리고 다른 지역에서는 9%의 종교세를 내고 있다. 구체적으로 예를 들어 환산하면 5000만원 연봉자일 경우 독일에서는 소득세가 약 20% 부과된다. 소득세가 약 1000만원이 되는 셈이다. 종교세는 이 소득세의 8-9%이므로 1년에 약 80만원 내지 90만원을 종교세로 내는 것이다."; 박충구, "독일교회", 『NEWS M』, 2010년 3월 28일.

78 권오성, "독일 통일과 교회의 역할(1)", 『기독교 사상』, 1995 (8), 96.

79 Paul Johnson, 『모던타임스 I』, 105.

80 Paul Johnson, 『모던타임스 I』, 106.

81 a) Volker Resing, 『그리스도인-앙겔라 메르켈』, 34.
b) 정일웅, 『독일 교회를 통해 배우는 한국교회의 통일 노력』 (서울: 범지출판사, 2015), 130.

82 "동독교회연맹(BEK)은 전독일개신교회(EKD)와 특수한 특수한 공동체임을 고백한다."; 권오성, "독일 통일과 교회의 역할(1)", 『기독교 사상』, 1995 (8), 100.

83 권오성, "독일 통일과 교회의 역할(1)", 100.

84 서독 교회 EKD의 동독 인권정책은 동독교회 지원사업과 유기적 관계 속에 진행된 것으로 볼 수 있음. 동독교회 지원사업은 다음 세 가지 방법으로 추진되었음.
① "A형교회사업" – 서독 개신교에 의한 동독 교회 지원 목적의 원자재 공급
② "B형교회사업" – 서독 개신교에 의한 인도주의 목적(정치범석방, 이산가족상봉)의 원자재 공급
③ "C형교회사업" – 서독 가톨릭교에 의한 지원사업

85 권오성, "독일 통일과 교회의 역할(1)", 『기독교 사상』, 1995 (8), 99. 101.

86 정일웅, 『독일 교회를 통해 배우는 한국 교회의 통일 노력』, 160.

87 a) 저자번역: Judt, Matthias (Hrsg.), "'Du sollst...' – Die zehn Gebote der sozialistischen Moral, Juli 1958". In: : DDR-Geschichte in Dokumenten, (Bonn, 1998), P12, S. 54-55; https://www.jugendopposition.de/lexikon/sachbegriffe/148333/die-zehn-gebote-der-sozialistischen-moral
b) 북한에도 주체사상 강화를 위해 1974년에 발표되어, 북한 주민이라면 반드시 암송해야 하는 북

한식 10대 강령이 있다: https://ko.wikipedia.org/wiki//당의_유일적령도체계확립의_10대_원칙

88 Volker Resing,『그리스도인-앙겔라 메르켈』, 34.

89 Hajo Schumacher,『독일을 바꾼 기다림의 리더쉽』, 51.

90 Hajo Schumacher,『독일을 바꾼 기다림의 리더쉽』, 48.

91 Volker Resing,『그리스도인-앙겔라 메르켈』, 34.

92 권오성, "독일 통일과 교회의 역할(1)",『기독교 사상』, 1995 (8), 97.

93 권오성, "독일 통일과 교회의 역할(1)",『기독교 사상』, 1995 (8), 97.

94 권오성, "독일 통일과 교회의 역할(1)",『기독교 사상』, 1995 (8), 99.

95 박상복, "Jugendweihe(유겐트바이에), 청소년을 교회 밖으로"; http://m.blog.daum.net/germanunification/5622286?np_nil_b=1

96 Paul Johnson,『모던타임스 II』, 632.

97 Paul Johnson,『모던타임스 II』, 633.

98 Paul Johnson,『모던타임스 I』, 114.

99 Paul Johnson,『모던타임스 I』, 116.

100 "북한 정보 기구의 기원은 해방 직후 북한에 진주한 소련군에 의해 창설된「보안국」이다. 1945년 8월 17일부터 북한에 진주하기 시작한 소련군(소련군 극동군 제1방면군 제25군, 사령관 치스치아코프 대장)은 8월 26일 소련 제25군 본부대의 평양 진주 완료 후「북조선 주둔 소련점령군사령부」를 내세워 북조선 주둔 소련25군 사령관 명령서(1945.10.12.)에 의거 이른바 소련 군정 기관(軍政機關)인「북조선5도 행정국」(일명 북조선 행정10국)을 1945년 10월 28일 창설하였다. 북한 지역 행정을 실질적으로 담당하는「북조선 행정 10국」은 산업국, 교통국, 체신국, 농림국, 상업국, 재정국, 교육국, 보건국, 사법국, 보안국으로 편재되었다. 여기의「보안국」(保安局, 국장: 최용건, 1945.11.9.발족)에서 치안 및 정보 업무를 전담하였다. 당시 보안국은 단순 치안 업무뿐만 아니라 정보 업무, 국방 경비 업무 및 대남공작 업무도 수행하고 있었다. 바로「보안국」이 북한 최초의 정보 기구이다."; 유동열, "북한 정보 기구의 변천과 현황", 국가정보연구 제11권 1호(2018) ;file:///C:/Users/SY/Downloads/11권1호_05_유동열.pdf

101 https://ko.wikipedia.org/wiki/국가보안부_(동독)

102 Dennis L. Bark and David R. Gress,『도이치 현대사 4-허상의 붕괴와 통일선택』, 226.

103 "'정치적으로 옳은(PC)'이라는 말은 1920년대와 1930년대 당시 맑스-레닌주의자들이 특정 시점의 당 노선과 합치되는 이론을 일컫는 표현이다."; Dennis L. Bark and David R. Gress,『도이치 현대사 4-허상의 붕괴와 통일선택』, 225.

104 "상호 불신과 적대 의식이 권력 유지에 필요했기 때문에 SED가 의도적으로 국민들 사이의 정상적 인간관계를 파괴시켰다."; Hans Joachim Maaz, Der Gefühlsstau (Berlin: Argon, 1992); Dennis L. Bark and David R. Gress,『도이치 현대사 4-허상의 붕괴와 통일 선택』, 223. 에서 재인용.

105 Karsten Dümmel & Melanie Piepenschneider, Hg. Was war die Stasi?-Einblicke in das Ministerium für Staatssicherheit der DDR (Berlin: Konrad-Adenauer Stiftung, 2002); 김영윤 역,『슈타지의 정체는 무엇이었나?, 동독 국가안보보위성의 실체』, (서울: 통일연구원, 2010).

106 Karsten Dümmel & Melanie Piepenschneider,『슈타지의 정체는 무엇이었나?』, 26.

107 Karsten Dümmel & Melanie Piepenschneider,『슈타지의 정체는 무엇이었나?』, 31.

108 Karsten Dümmel & Melanie Piepenschneider,『슈타지의 정체는 무엇이었나?』, 35.

109 Karsten Dümmel & Melanie Piepenschneider,『슈타지의 정체는 무엇이었나?』, 170.

110 Karsten Dümmel & Melanie Piepenschneider,『슈타지의 정체는 무엇이었나?』, 171.

111 Karsten Dümmel & Melanie Piepenschneider, 『슈타지의 정체는 무엇이었나?』, 173–174.
112 Karsten Dümmel & Melanie Piepenschneider, 『슈타지의 정체는 무엇이었나?』, 174.
113 a) "30년전 10대 동독 소년, 지금은 어떻게 살까?";https://m.pressian.com/m/pages/articles/213043?no=213043
b) "서독 사람들 잘 사는 게 부러웠었냐고요? 전혀요!";https://n.news.naver.com/article/002/0002070202
114 Hajo Schumacher, 『독일을 바꾼 기다림의 리더쉽』, 172–173.
115 "O Mensch, lieg vor dir selber auf der Lauer, sonst bist du auch ein Mops nur auf der Lauer."; 크리스티안 모르겐슈테른(1871–1914), 유희적이며 그로테스크한 넌센스시(Unsinnspoesie)의 선구자.
116 Stefan Kornelius, 『위기의 시대 메르켈의 시대』, 39–40.
117 Volker Resing, 『그리스도인–앙겔라 메르켈』, 38.
118 "사회주의 특권층은 구동독의 사회 구조적 특수성으로서 1940년대 후반부터 1960년대까지 형성된 폭 넓은 사회주의 상류층이다. 이들은 교육을 통한 신분 상승에 대해 국가에 감사하며 사회주의가 몰락할 때까지 존재했다. 러시아어로 '노멘클라투라(Nomenklatura)'라 불리는 이러한 사회주의 특권층은 소련식 사회주의를 구현하는 모든 인민 민주주의 국가에서 단일 정치 지도부 하의 엘리트를 포괄한다."; 미하엘 호프만, "사회주의 엘리트는 어떻게 되었나?—구동독과 통일 후 동독 지역의 사회구조들", 『Friedrich-Ebert-Stiftung-Information-Series』, 2009–07.
119 Matthew Qvortrup, 『유럽에서 가장 영향력있는 리더, 앙겔라 메르켈』, 69.
120 Volker Resing, 『그리스도인–앙겔라 메르켈』, 39.
121 a) Geert Mak, 『유럽사 산책』, 559.
b) http://www.planetlyrik.de/wolf-biermann-deutschland-ein-wintermaerchen/2019/03/
122 Volker Resing, 『그리스도인–앙겔라 메르켈』, 39.
123 "I quite frequently thought about leaving. Some of my accquaintances had fled from the GDR...I talked to my parents...[but t]he sense of belonging with family and friends always prevailed at the end. I did not want to let them down, and I did not want to be alone. It was very important for me to know that if there were an emergency, we could have left the GDR and started over in West germany. But we didn't delude ourselves, because emigration applications were complicated."; Tonya Cupp, Angela Merkel: First Woman Chancellor of Germany (London: Cavendish Square, 2014), 17.
124 Stefan Kornelius, 『위기의 시대 메르켈의 시대』, 45.
125 Hajo Schumacher, 『독일을 바꾼 기다림의 리더쉽』, 186.
126 Stefan Kornelius, 『위기의 시대 메르켈의 시대』, 33.
127 Matthew Qvortrup, 『유럽에서 가장 영향력있는 리더, 앙겔라 메르켈』, 42.
128 Stefan Kornelius, 『위기의 시대 메르켈의 시대』, 32.
129 Stefan Kornelius, 『위기의 시대 메르켈의 시대』, 35.
130 Stefan Kornelius, 『위기의 시대 메르켈의 시대』, 34.
131 Stefan Kornelius, 『위기의 시대 메르켈의 시대』, 44.
132 http://monthly.chosun.com/client/news/viw.asp?ctcd=H&nNewsNumb=200511100007
133 Stefan Kornelius, 『위기의 시대 메르켈의 시대』, 47.
134 Stefan Kornelius, 『위기의 시대 메르켈의 시대』, 46.
135 "하지만 프라하에서도 계속해서 앙겔라를 감시했던(슈타지IM) '바흐만'은 이들이 다소 지나치게 가까워지고 있다고 보고했다."; Matthew Qvortrup,『유럽에서 가장 영향력있는 리더, 앙겔라 메르켈』, 108.
136 Matthew Qvortrup, 『유럽에서 가장 영향력있는 리더, 앙겔라 메르켈』, 118.

137 “It was at that wedding that I realized that the socialist system wasn‘t going to last.”; Stefan Kornelius, 『위기의 시대 메르켈의 시대』, 47.

138 Hajo Schumacher,『독일을 바꾼 기다림의 리더쉽』, 186.

139 Ungeküssten = 'never been kissed'

140 학교 동창생 Harald Loeschke의 전언; Alexander Osang, Neunundachtzig: Helden-Geschichten , 122.

141 Alexander Osang, Neunundachtzig: Helden-Geschichten (Berlin: Ch. Links Verlag, 2018), 122.

142 http://premium.chosun.com/site/data/html_dir/2013/10/01/2013100101944.html

143 Stefan Kornelius,『위기의 시대 메르켈의 시대』, 32.

144 Volker Resing,『그리스도인-앙겔라 메르켈』, 40-41.

145 Stefan Kornelius,『위기의 시대 메르켈의 시대』, 42.

146 Alexander Osang, Neunundachtzig: Helden-Geschichten , 122.

147 Volker Resing,『그리스도인-앙겔라 메르켈』, 42.

148 Matthew Qvortrup,『유럽에서 가장 영향력있는 리더, 앙겔라 메르켈』, 96.

149 Matthew Qvortrup, 『유럽에서 가장 영향력있는 리더, 앙겔라 메르켈』, 72.

150 Matthew Qvortrup,『유럽에서 가장 영향력있는 리더, 앙겔라 메르켈』, 84.

151 Matthew Qvortrup, 『유럽에서 가장 영향력있는 리더, 앙겔라 메르켈』, 84.

152 Matthew Qvortrup,『유럽에서 가장 영향력있는 리더, 앙겔라 메르켈』, 84.

153 Matthew Qvortrup,『유럽에서 가장 영향력있는 리더, 앙겔라 메르켈』, 84-85.

154 DDR-Vergangenheit, “Stasi wollte Angela Merkel anwerben”, 19.05.2009, 14.43 Uhr ; https://www.spiegel.de/politik/deutschland/ddr-vergangenheit-stasi-wollte-angela-merkel-anwerben a 625764.html

155 Hajo Schumacher,『독일을 바꾼 기다림의 리더쉽』, 59.

156 The Telegarph, “Angela Merkel 'turned down' job from Stasi”, 20. May 2009; https://www.telegraph.co.uk/news/worldnews/europe/germany/5351229/Angela-Merkel-turned-down-job-from-Stasi.html

157 Matthew Qvortrup,『유럽에서 가장 영향력있는 리더, 앙겔라 메르켈』, 91.

158 a) Matthew Qvortrup,『유럽에서 가장 영향력있는 리더, 앙겔라 메르켈』, 94.
b) 당시 연구소에서 앙겔라 메르켈의 상사였으며, 현재 라이프찌히 대학 물리학과 교수인 오스텐은 후에 슈타지의 비공식요원(암호명: 아인스타인)으로 부인과 함께 활동했었음이 밝혀졌다. 그리고 그녀를 감시하던 요원은 오스텐 외에도 암호명 'Bachmann'과 'Manfred Weih'가 더 있었음이 공개됐다; "Merkels Ex-Chef Hans-Jörg Osten spitzelte als IM für die Stasi", FOCUS, 11.07.2013; https://www.focus.de/politik/deutschland/professor-an-der-leibniz-universitaet-merkels-ex-chef-hans-joerg-osten-spitzelte-als-im-fuer-die-stasi_aid_1040432.html

159 Matthew Qvortrup,『유럽에서 가장 영향력있는 리더, 앙겔라 메르켈』, 91-92.

160 Matthew Qvortrup,『유럽에서 가장 영향력있는 리더, 앙겔라 메르켈』, 95.

161 Matthew Qvortrup,『유럽에서 가장 영향력있는 리더, 앙겔라 메르켈』, 95.

162 Matthew Qvortrup,『유럽에서 가장 영향력있는 리더, 앙겔라 메르켈』, 117.

163 Stefan Kornelius, 『위기의 시대 메르켈의 시대』, 43.

164 당시 연구소에서 앙겔라 메르켈의 상사였으며, 현재 라이프찌히 대학 물리학과 교수인 오스텐은 후에 슈타지의 비공식 요원(암호명: 아인스타인)으로 부인과 함께 활동했었음이 밝혀졌다. 그리고 그녀를 감시하던 요원은 오스텐 외에도 암호명 'Bachmann'과 'Manfred Weih'가 더 있었음이 공개됐다; "Merkels Ex-Chef Hans-Jörg Osten spitzelte als IM für die Stasi", FOCUS, 11.07.2013; https://www.focus.de/politik/deutschland/professor-an-der-leibniz-universitaet-merkels-ex-chef-hans-joerg-osten-

spitzelte-als-im-fuer-die-stasi_aid_1040432.html

165 Matthew Qvortrup,『유럽에서 가장 영향력있는 리더, 앙겔라 메르켈』, 105.

166 Geert Mak,『유럽사 산책』, 560.

167 a) "Nuclear energy is incomparably greater than the molecular energy which we use today. The coal a man can get in a day can easily do five hundred times as much work as the man himself. Nuclear energy is at least one million times more powerful still. If the hydrogen atoms in a pound of water could be prevailed upon to combine together and form helium, they would suffice to drive a thousand-horsepower engine for a whole year … There is no question among scientists that this gigantic source of energy exists. What is lacking is the match to set the bonfire alight, or it may be the detonator to cause the dynamite to explode. The scientists are looking for this."; Winston Churchill, "Fifty Years Hence", The Strand Magazine(1931); James C. Humes, Churchill: The Prophetic Statesman (Chicago: Regnery History, 2012) 에서 재인용.

b) "Churchill knew, as soon as the early 1920s, that the Versailles peace conference of 1919 had left Germany embittered and that Germany would strain at the leash to re-arm in defiance of the terms of Versailles..., He warns early 'the tumultuous insurgence of ferocity and war spirit' in Germany"; James C. Humes, Churchill: The Prophetic Statesman , 9-10.

168 "On New Year's Day 1953, Churchill remarked to his private secretary, John Colville, that if Colville lived a normal lifespan, he "should assuredly see Eastern Europe free of Communism." Colville, then thirty-eight years old, died in 1987 at the age of seventy-two, just two years before the Berlin Wall came down and Eastern Europe threw off Communist rule, and four years before the collapse of the Soviet Union it self. Churchill made this prediction just six weeks before Stalin died..."; James C. Humes, Churchill: The Prophetic Statesman, 200.

169 Ralph Benko, "The Bernie Sanders Philosophy: An Equal Share Of Misery", Forbes am Feb 1, 2016, https://www.forbes.com/sites/ralphbenko/2016/02/01/democratic-socialist-bernie-sanders-winston-churchill-and-the-equal-sharing-of-miseries/#7bcf761f2f13

170 "Socialism is the philosophy of failure, the creed of ignorance, and the gospel of envy.", Churchill on Socialism, 14 July 2015; https://richardlangworth.com/socialism

171 이근식, "이근식의 상생적 자유주의-사회주의의 실패(socialism failure)", 프레시안, 2011.10.09; https://www.pressian.com/pages/articles/37209?no=37209

172 김상민, "사회주의자 조국'을 계기로 사회주의를 생각한다(2) – 계급사회와 권력세습의 일상화", 시사포커스, 20190910; http://www.sisafocus.co.kr/news/articleView.html?idxno=220695

173 Dennis L. Bark and David R. Gress,『도이치 현대사 4-허상의 붕괴와 통일선택』, 259.

174 David Childs, The GDR: Moscow's German Ally (Oxfordshire: Taylor & Francis Ltd, 2016), 147-8; Dennis L. Bark and David R. Gress, 『도이치 현대사 4-허상의 붕괴와 통일선택』, 259. 에서 재인용.

175 Geert Mak, 『유럽사 산책』, 562-563.

176 백승구, "독일판 종북주의 심층 연구 (하), 동독 첩보 기관의 공작 기도와 서독인의 동독 추종 전말"–독일은 좌파정당에 대한 감청 · 감시 활동을 합법화하고 있다. 『월간조선』, 뉴스룸 (2012년 9월호).

177 권석하, "내가 경험한 사회주의, 소련 10년 생활기… 지상 천국은 왜 망했을까", http://m.weekly.chosun.com/client/news/viw.asp?ctcd=C07&nNewsNumb=002608100013

178 "그러던 소련이 다시 러시아로 돌아온 다음인 2000년 이후 미국의 곡물 수출국 1위 지위를 위협한다는 소식을 들었다. 2020년에는 식량 수출국 1위로 올라선다는 것이 실제 러시아 정부의 계획이기도 하다. 이런 놀라운 성장은 러시아 민간 기업에 토지 경작을 허용했을 뿐 아니라 서방 곡물 메이

저들에도 투자는 물론 직접 경영과 생산까지 허용한 덕분이다."; 권석하, "내가 경험한 사회주의, 소련 10년 생활기… 지상천국은 왜 망했을까", http://m.weekly.chosun.com/client/news/viw.asp?ctcd=C07&nNewsNumb=002608100013

179 Dennis L. Bark and David R. Gress, 『도이치 현대사 4–허상의 붕괴와 통일선택』, 262.

180 Martin Kitchen, 『케임브리지 독일사』, 374.

181 Martin Kitchen, 『케임브리지 독일사』, 370.

182 Martin Kitchen, 『케임브리지 독일사』, 368.

183 Dennis L. Bark and David R. Gress, 『도이치 현대사 4–허상의 붕괴와 통일선택』, 137.

184 Richter, Geschichte der DDR, 32; Dennis L. Bark and David R. Gress, 『도이치 현대사 4–허상의 붕괴와 통일선택』, 264. 에서 재인용.

185 Dennis L. Bark and David R. Gress, 『도이치 현대사 4–허상의 붕괴와 통일선택』, 264.

186 Dennis L. Bark and David R. Gress, 『도이치 현대사 4–허상의 붕괴와 통일선택』, 254.

187 Dennis L. Bark and David R. Gress, 『도이치 현대사 4–허상의 붕괴와 통일선택』, 255.

188 Dennis L. Bark and David R. Gress, 『도이치 현대사 4–허상의 붕괴와 통일선택』, 255.

189 Dennis L. Bark and David R. Gress, 『도이치 현대사 4–허상의 붕괴와 통일선택』, 265–266.

190 Harmut Jaeckel, Unser schiefes DDR-Bild, Deutschland Archiv 23(1990), 1560; Dennis L. Bark and David R. Gress, 『도이치 현대사 4–허상의 붕괴와 통일선택』, 255.에서 재인용.

191 Dennis L. Bark and David R. Gress, 『도이치 현대사 4–허상의 붕괴와 통일선택』, 254의 각주 4.

192 김태훈기자, "'고르비, 장벽 부수시오'… 냉전 끝장낸 레이건의 '버럭'", 세계일보, 2019-03-03 ; https://www.segye.com/newsView/20190303001096

193 1989년 2월 9일 베를린 장벽을 넘어 서베를린으로 탈출을 시도하다 동독 국경 수비대에 의해 사살된 20살 청년으로, 그는 월경 피살자의 마지막 인물이 되었다. 통일 후 사건 발생 3년 만에 국경 수비대원 4명에 대해서 징역형이 내려졌다. 스텐딩 오더(Standing order)였다고 하더라고 인간은 기계가 아니므로 자신의 양심을 무시해선 안된다고 테오도르 자이델(Theodor Seidel) 판사는 논고했다: 저자 주.

194 Geert Mak, 『유럽사 산책』, 558.

195 Dennis L. Bark and David R. Gress, 『도이치 현대사 4–허상의 붕괴와 통일선택』, 135.

196 Martin Kitchen, 『케임브리지 독일사』, 370.

197 Dennis L. Bark and David R. Gress, 『도이치 현대사 4–허상의 붕괴와 통일선택』, 139.

198 Dennis L. Bark and David R. Gress, 『도이치 현대사 4–허상의 붕괴와 통일선택』, 141.

199 Peter Schneider, The German Comedy (London: I B Tauris & Co Ltd, 1992), 74-75; Dennis L. Bark and David R. Gress, 『도이치 현대사 4–허상의 붕괴와 통일선택』, 152. 에서 재인용.

200 Dennis L. Bark and David R. Gress, 『도이치 현대사 4–허상의 붕괴와 통일선택』, 211.

201 Dennis L. Bark and David R. Gress, 『도이치 현대사 4–허상의 붕괴와 통일선택』, 270.

202 Paul Johnson, 『모던타임스 II』, 462.

203 염돈재, 『올바른 통일준비를 위한 독일통일의 과정과 교훈』 (서울: 평화문제연구소, 2010), 19–20.

204 염돈재, 『올바른 통일준비를 위한 독일통일의 과정과 교훈』, 22.

205 염돈재, 『올바른 통일준비를 위한 독일통일의 과정과 교훈』, 36.

206 a) Stefan Kornelius, 『위기의 시대 메르켈의 시대』, 42.

b) "I was usually going here by train and it was often delayed by several hours which drove me up the wall. At that time, my teacher, Prof Zahradník, was telling me: don't be upset, Ms Merkel, both of us know that socialism cannot work although we may be the only two people on this side of the world who know that.";

Czech-affiliated physicist Angela Merkel back in Prague, tuesday, april 03, 2012, https://motls.blogspot.com/2012/04/czech-physicist-angela-merkel-back-in.html

207 https://www.spiegel.de/politik/deutschland/cdu-fuehrung-ist-angela-kasi-merkel-die-richtige-a-121942-amp.html

208 http://premium.chosun.com/site/data/html_dir/2013/10/01/2013100101944.html

209 2003년 동계 올림픽이 개최되었던 러시아 소치(Sochi)에서 메르켈 총리가 푸틴과 회담을 할 때, 그녀가 대기하던 방에 푸틴의 검은색 큰 개(black Labrador)를 풀어놓아 메르켈이 무척 당황한 적이 있었다. 푸틴의 공식적인 사과에도 불구하고, 러시아 측의 의도적 처사로 모두가 인식했다.

210 Robin Alexander , "Merkel inszeniert sich als Anti-Drama-Queen", Welt am 07.01.2014
https://www.welt.de/politik/deutschland/article123640212/Merkel-inszeniert-sich-als-Anti-Drama-Queen.html

211 Stefan Kornelius, 『위기의 시대 메르켈의 시대』, 61.

212 Volker Resing, 『그리스도인-앙겔라 메르켈』, 40-41.

213 Volker Resing, 『그리스도인-앙겔라 메르켈』, 43.

214 Volker Resing, 『그리스도인-앙겔라 메르켈』, 43.

215 Volker Resing, 『그리스도인-앙겔라 메르켈』, 43.

216 Dennis L. Bark and David R. Gress, 『도이치 현대사 4-허상의 붕괴와 통일선택』, 170.

217 a) 박상봉, "무혈혁명으로 독일통일을 이끈 동독의 시민단체와 시민운동가들", 미래한국(2014.12.09) ; http://www.futurekorea.co.kr/news/articleView.html?idxno=27373
b) MITTELDEUTSCHER RUNDFUNK, "So begannen die Montagsdemos in Leipzig",; https://www.mdr.de/zeitreise/stoebern/damals/montagsdemo130.html

218 Hajo Schumacher, 『독일을 바꾼 기다림의 리더쉽』, 186-187.

219 Volker Resing, 『그리스도인-앙겔라 메르켈』, 44.

220 Volker Resing, 『그리스도인-앙겔라 메르켈』, 45.

221 Ewald König, "Merkels Welt zur Wendezeit", EURACTIV-member, Nov. 5. 2009; https://www.euractiv.de/section/wahlen-und-macht/news/merkels-welt-zur-wendezeit/

222 "Sie hat gesagt, dass es ja sowieso nichts bringe."; Alexander Osang, Neunundachtzig: Helden-Geschichten, 123.

223 "Merkels Ex-Chef Hans-Jörg Osten spitzelte als IM für die Stasi", FOCUS, 11.07.2013.

224 Stefan Kornelius, 『위기의 시대 메르켈의 시대』, 34.

225 Hajo Schumacher, 『독일을 바꾼 기다림의 리더쉽』, 57.

226 Stefan Kornelius, 『위기의 시대 메르켈의 시대』, 9.

227 Volker Resing, 『그리스도인-앙겔라 메르켈』, 49.

228 Hajo Schumacher, 『독일을 바꾼 기다림의 리더쉽』, 187.

229 Matthew Qvortrup, 『유럽에서 가장 영향력있는 리더, 앙겔라 메르켈』, 135.

230 Stefan Kornelius, 『위기의 시대 메르켈의 시대』, 50.

231 Stefan Kornelius, 『위기의 시대 메르켈의 시대』, 51-52.

232 장원석, "통일 독일의 과거사 청산 일고", 『정치와평론(Journal of Political Criticism)』, 14 (2014.05), 97.

233 Volker Resing, 『그리스도인-앙겔라 메르켈』, 47.

234 Volker Resing, 『그리스도인-앙겔라 메르켈』, 47.

235 Volker Resing, 『그리스도인-앙겔라 메르켈』, 50.

236 Karl Vick, "Chancellor of the free world"; https://time.com/time-person-of-the-year-2015-angela-merkel/?xid=homepage

237 Hajo Schumacher,『독일을 바꾼 기다림의 리더쉽』, 212.

238 Hajo Schumacher,『독일을 바꾼 기다림의 리더쉽』, 170–171.

239 Hajo Schumacher,『독일을 바꾼 기다림의 리더쉽』, 113.

240 Hajo Schumacher,『독일을 바꾼 기다림의 리더쉽』, 114.

241 Hajo Schumacher,『독일을 바꾼 기다림의 리더쉽』, 182.

242 Hajo Schumacher,『독일을 바꾼 기다림의 리더쉽』, 38.

243 Hajo Schumacher,『독일을 바꾼 기다림의 리더쉽』, 39.

244 Dennis L. Bark and David R. Gress,『도이치 현대사 4–허상의 붕괴와 통일선택』, 215.

245 Dennis L. Bark and David R. Gress,『도이치 현대사 4–허상의 붕괴와 통일선택』, 216.

246 Dennis L. Bark and David R. Gress,『도이치 현대사 4–허상의 붕괴와 통일선택』, 219.

247 Dennis L. Bark and David R. Gress,『도이치 현대사 4–허상의 붕괴와 통일선택』, 275.

248 Dennis L. Bark and David R. Gress,『도이치 현대사 4–허상의 붕괴와 통일선택』, 276.

249 Dennis L. Bark and David R. Gress,『도이치 현대사 4–허상의 붕괴와 통일선택』, 276.

250 Dennis L. Bark and David R. Gress,『도이치 현대사 4–허상의 붕괴와 통일선택』, 279.

251 동독의 시위대는 "서독 마르크화가 우리에게 오지 않는다면 우리가 가겠다(If the Deutschmark(DM) doesn't come to us, we will go to the Deutschmark)."는 구호를 주창하며 빠른 화폐 통합을 촉구했다; https://www.rfa.org/korean/in_focus/41898-20001001.html

252 "모든 재산이 아닌 임금 등 기본 생활에 필요한 돈만 그렇게 했고 6,000마르크가 넘는 예금은 2대1, 6,000마르크가 넘는 것은 3대1, 해외 재산은 4대1 등 차등을 뒀다. 경제적으로는 문제가 있지만 화폐 통합을 하지 않았을 경우 500만명의 동독 주민이 서독으로 왔을 것이라는 분석이 있다."; http://www.futurekorea.co.kr/news/articleView.html?idxno=19962

253 Dennis L. Bark and David R. Gress,『도이치 현대사 4–허상의 붕괴와 통일선택』, 300.

254 "동독의 임금 상승률이 생산성 향상을 크게 앞지름으로써 구동독 지역 재화의 가격이 일시에 상승하게 되었다. 이는 궁극적으로 동독 기업의 경쟁력을 크게 약화시키는 결과로 이어졌다. 동독 기업의 경쟁력 상실은 동독 산업의 생산 저하로 이어져 동독 기업을 파산시키고 실업자를 증대시키는 현상으로 나타났다. 실제 통일이 이루어졌던 과정인 1990년 7월에서 1991년 2월 사이 동독지역의 산업 생산지수는 1/3 이하로 떨어졌으며, 노동 생산성도 이에 버금가는 하락 현상을 나타내었다."; 김영윤, "통독 사례를 통한 남북 경제 통합 방안",『통일경제』, 2010 (겨울호), 80.

255 Dennis L. Bark and David R. Gress,『도이치 현대사 4–허상의 붕괴와 통일선택』, 300.

256 Dennis L. Bark and David R. Gress,『도이치 현대사 4–허상의 붕괴와 통일선택』, 300.

257 Dennis L. Bark and David R. Gress,『도이치 현대사 4–허상의 붕괴와 통일선택』, 303.

258 Dennis L. Bark and David R. Gress,『도이치 현대사 4–허상의 붕괴와 통일선택』, 304–305.

259 박상봉, [특집/독일 통일 30주년] 통일과 독일의 경제력,『월간조선』, 2020년 10월호; http://m.monthly.chosun.com/client/news/viw.asp?ctcd=b&nNewsNumb=202010100051

260 http://m.monthly.chosun.com/client/news/viw.asp?ctcd=b&nNewsNumb=202010100051

261 http://m.monthly.chosun.com/client/news/viw.asp?ctcd=b&nNewsNumb=202010100051

262 Matthew Qvortrup,『유럽에서 가장 영향력있는 리더, 앙겔라 메르켈』, 82.

263 뛰어난 번역에 감사: https://m.blog.naver.com/jhczeros/220642030152

264 Stefan Kornelius,『위기의 시대 메르켈의 시대』, 13.

265 Stefan Kornelius, 『위기의 시대 메르켈의 시대』, 107.

266 "그는 혁신을 위해서라면 사람들이 보지 않거나 못하는 곳도 쳐다보려는 의지가 투철했다. 전인미답의 길을 가는 데 주저하지 않았다. 2004년 독일 국가대표팀 감독을 맡자마자 독일축구협회의 꼭두각시 노릇은 그만두겠다고 결심했고 이를 실천에 옮겼다. 체력, 심리, 골키퍼 등으로 분야를 세분해 그 자리에 미국인, 스위스인을 비롯해 '변방'의 인물들을 코치로 선임해 독일축구협회와 마찰을 빚었다. 그러나 2006년 월드컵에서 독일 팬의 온갖 찬사를 이끌어내자 그를 멸시하던 '축구황제' 프란츠 베켄바워조차 그를 찬양했다."; http://www.donga.com/news/amp/all/20110812/39505717/9

267 Stefan Kornelius, 『위기의 시대 메르켈의 시대』, 109.

268 Stefan Kornelius, 『위기의 시대 메르켈의 시대』, 113.

269 "Man ist dann allerdings schnell dabei zu fragen: Was ist diese Freiheit? Wie ist sie ausgestaltet? Freiheit ist mit Sicherheit nicht nur die Freiheit von etwas, sondern ist in unserem Verständnis vor allen Dingen die Freiheit zu etwas. Das heißt, Freiheit und Verantwortung sind ganz eng miteinander verbunden. Die individuelle Freiheit hat immer dort ihre Grenze, wo sie die individuelle Freiheit des Nächsten unmöglich macht."; https://www.bundesregierung.de/breg-de/service/bulletin/rede-von-bundeskanzlerin-dr-angela-merkel-797648

270 Stefan Kornelius, 『위기의 시대 메르켈의 시대』, 171–172.

271 Stefan Kornelius, 『위기의 시대 메르켈의 시대』, 112.

272 Stefan Kornelius, 『위기의 시대 메르켈의 시대』, 114–115.

273 "Menschenrechte behaupten sich nicht von allein, Freiheit bewahrt sich nicht von allein, Demokratie gelingt nicht von allein."; Sylvia Ahrens, "Die Erosion der Moral", https://www.deutschlandfunk.de/die-erosion-der-moral.691.de.html?dram:article_id=235998

274 Stefan Kornelius, 『위기의 시대 메르켈의 시대』, 117.

275 Paul Johnson, 『모던타임스 II』, 412.

276 Paul Johnson, 『모던타임스 II』, 409.

277 사민당(SPD) 빌리 브란트(Willy Brandt, 1913–1992) 수상의 '동방정책'과 비교.

278 Paul Johnson, 『모던타임스 II』, 413.

279 Paul Johnson, 『모던타임스 II』, 413.

280 Paul Johnson, 『모던타임스 II』, 410.

281 http://www.german-times.com/why-angela-merkel-has-banned-two-paintings-from-the-chancellery/

282 "에밀 놀데" (casaubon, 2019년 6월 19일); https://www.vingle.net/posts/2630740

283 a) Stefan Kornelius, 『위기의 시대 메르켈의 시대』, 244.

b) "Jeder deutsche Bundeskanzler vor mir war der besonderen historischen Verantwortung Deutschlands für die Existenz Israels verpflichtet. Zu dieser besonderen historischen Verantwortung bekenne auch ich mich ausdrücklich. Sie ist Teil der Staatsraison meines Landes. Das heißt, die Sicherheit Israels ist für mich als deutsche Bundeskanzlerin niemals verhandelbar."; https://www.bundesregierung.de/breg-de/service/bulletin/rede-von-bundeskanzlerin-dr-angela-merkel-796984

284 https://ko.m.wikipedia.org/wiki/%EA%B5%AD%EA%B0%80%EC%9D%B4%EC%84%B1

285 Stefan Kornelius, 『위기의 시대 메르켈의 시대』, 243.

286 https://www.knesset.gov.il/description/eng/doc/speech_merkel_2008_eng.pdf

287 Stefan Kornelius, 『위기의 시대 메르켈의 시대』, 243.

288 http://m.yonhapnewstv.co.kr/news/MYH20191207007500038

289 Stefan Kornelius, 『위기의 시대 메르켈의 시대』, 295.
290 https://time.com/time-person-of-the-year-2015-angela-merkel/
291 Hajo Schumacher, 『독일을 바꾼 기다림의 리더쉽』, 37.
292 Matthew Qvortrup, 『유럽에서 가장 영향력있는 리더, 앙겔라 메르켈』, 411.
293 Matthew Qvortrup, 『유럽에서 가장 영향력있는 리더, 앙겔라 메르켈』, 412.
294 Paul Johnson, 『모던타임스 Ⅱ』, 406.
295 Paul Johnson, 『모던타임스 Ⅱ』, 404.
296 Hajo Schumacher, 『독일을 바꾼 기다림의 리더쉽』, 174.
297 한기봉, "가장 영향력 있는 여성, 권력을 과시하지 않는 힘", 정책브리핑, 2017.11.16. ; http://m.korea.kr/news/cultureColumnView.do?newsId=148844784
298 Stefan Kornelius, 『위기의 시대 메르켈의 시대』, 21.
299 Stefan Kornelius, 『위기의 시대 메르켈의 시대』, 11.
300 Stefan Kornelius, 『위기의 시대 메르켈의 시대』, 20.
301 Hajo Schumacher, 『독일을 바꾼 기다림의 리더쉽』, 14.
302 Hajo Schumacher, 『독일을 바꾼 기다림의 리더쉽』, 19.
303 Hajo Schumacher, 『독일을 바꾼 기다림의 리더쉽』, 15–19.
304 Volker Resing, 『그리스도인–앙겔라 메르켈』, 140.
305 Volker Resing, 『그리스도인–앙겔라 메르켈』, 63–64.
306 Volker Resing, 『그리스도인–앙겔라 메르켈』, 62.
307 Volker Resing, 『그리스도인–앙겔라 메르켈』, 64.
308 Volker Resing, 『그리스도인–앙겔라 메르켈』, 118–122.
309 Volker Resing, 『그리스도인–앙겔라 메르켈』, 50.
310 Volker Resing, 『그리스도인–앙겔라 메르켈』, 51.
311 Volker Resing, 『그리스도인–앙겔라 메르켈』, 121.
312 Volker Resing, 『그리스도인–앙겔라 메르켈』, 49.
313 Volker Resing, 『그리스도인–앙겔라 메르켈』, 122.
314 Volker Resing, 『그리스도인–앙겔라 메르켈』, 123.
315 Hajo Schumacher, 『독일을 바꾼 기다림의 리더쉽』, 179.
316 Volker Resing, 『그리스도인–앙겔라 메르켈』, 12–13.
317 전광우, "전광우의 세계경제 읽기", 『조선일보』, 2020.11.02.

참고문헌

James C. Humes, *Churchill: The Prophetic Statesman* (Chicago: Regnery History, 2012)

Volker Resing, Hg., *Angela Merkel, Daran glaube ich:Christliche Standpunkte* (Leipzig: St. Benno Verlag GmbH, 2013)

Alexander Osang, *Neunundachtzig: Helden-Geschichten* (Berlin: Ch. Links Verlag, 2018)

Stefan Kornelius, *Angela Merkel: The Authorized Biography* (London: Alma Books Ltd., 2013)

Dennis L. Bark and David R. Gress, *A History of West Germany VI* (Oxford: Blackwell Publishing Ltd., 1933); 서지원 역, 『도이치 현대사 4 – 허상의 붕괴와 통일선택』 (서울: 비봉출판사, 2004)

Karsten Dümmel & Melanie Piepenschneider, Hg. *Was war die Stasi?-Einblicke in das Ministerium für Staatssicherheit der DDR* (Berlin: Konrad-Adenauer Stiftung, 2002); 김영윤 역, 『슈타지의 정체는 무엇이었나? 동독 국가안보보위성의 실체』, (서울: 통일연구원, 2010)

Johnson. Paul, *Modern Times: A History of the World from the 1920s to the 1980s*. London: Weidenfeld & Nicolsons, 1991; 조윤정 역, 『모던타임스 Ⅰ& Ⅱ』. 파주시: 살림출판사, 2009.

Martin Kitchen, *The Cambridge Illustrated History of Germany* (London: Calmann & King Ltd., 1994); 유정희 역, 『케임브리지 독일사』 (서울: 시공사, 2001)

Stefan Kornelius, *Angela Merkel: The Authorized Biography* (London: Alma Books Ltd., 2013); 배명자 역, 『위기의 시대 메르켈의 시대 – 앙겔라 메르켈 공인전기』 (서울: 책담, 2014)

Geert Mak, *In Europa: Reizen door de twintigste eeuw* (Amsterdam: Uitgeverij Atlas, 2004); 강주헌 역, 『유럽사 산책 – 20세기 유럽을 걷다』 (고양시: 도서출판 옥당, 2011)

Matthew Qvortrup, *Angela Merkel-Europe's Most Influential Leader* (New York City: Harry N. Abrams, 2016); 임지연 역, 『유럽에서 가장 영향력있는 리더, 앙겔라 메르켈』 (서울: 한국경제신문, 2017)

Volker Resing, *Angel Merkel-Die Protestantin* (Freiburg im Breisgau: Verlag Herder GmbH, 2010); 조용석 역, 『그리스도인 – 앙겔라 메르켈』 (서울: 한들출판사, 2010)

Hajo Schumacher, *Die Zwölf Gesetze der Macht* (München: Karl Blessing Verlag, 2006); 배인섭 역, 『독일을 바꾼 기다림의 리더쉽』 (파주: 아롬미디어, 2008)

염돈재, 『올바른 통일준비를 위한 독일통일의 과정과 교훈』 (서울: 평화문제연구소, 2010)

정일웅, 『독일교회를 통해 배우는 한국교회의 통일노력』 (서울: 범지출판사, 2015)

권오성, "독일 통일과 교회의 역할(1)", 『기독교 사상』, 1995 (8), 82–101.

서정일, "구동독의 교회와 국가와의 관계에서 평화정착을 위한 동독교회의 노력", 『기독교 사상』, 2002 (5), 218-230.

장원석, "통일 독일의 과거사 청산 일고", 『정치와 평론(Journal of Political Criticism)』 14 (2014.05), 89-119.

앙겔라 메르켈의 약력 및 연대기

1945 연합군 4개국의 독일 분할 통치 시작
1948 동독 사회주의 통합당(SED) 집권, 소련의 베를린 봉쇄(6/24)
1949 독일연방공화국 건국(BRD, 5/23), 동독민주공화국(DDR, 10/7) 건국
1954 서독 함부르크 출생(7/17), 8주 만에 브란덴부르크 크비토프(Quitzow)로 이주
1955 서독의 북대서양조약기구(NATO) 가입
1956 동독의 바르샤바조약기구(Warsaw Pact, WTO) 가입
1957 템플린(Templin)으로 이주, 남동생 마르쿠스(Marcus) 출생
1961 템플린의 종합기술학교(Polytechnischen Oberschule, POS) 입학
1962 '어린 개척자(Junge Pioniere, the young pioneer)' 가입
1961 베를린 장벽 설치(8/13)
1964 여동생 이레네(Irene) 출생
1968 '자유청연동맹(FDJ)' 가입
1970 견진예식(Konfirmation in der St. Maria-Magdalenen-Kirche in Templin)
1973 괴테슐레(Goethe-Schule) 최고 성적(1.0) 졸업, 라이프찌히 대학 물리학과 입학
1977 물리학과 학생 울리히 메르켈(Ulrich Merkel)과 결혼
1978 라이프찌히 대학 졸업(Diplom), 베를린 물리화학중앙연구소(ZIPC) 연구원 취업
1981 남편 울리히와 별거
1982 울리히 메르켈과 이혼
1986 박사학위 취득(최고 성적 Summa Cum laude), 첫 서독 방문
1989 헝가리-오스트리아 국경 오픈(8/9)
1989 베를린 장벽 붕괴(11/9)
1989 Demokratischen Aufbruch (DA, 독일개벽)에서 활동 시작
1990 DA 당대변인으로 정치가 데뷔, 동독 첫 자유 총선거 (3/18), DA와 CDU 합당
1990 동독 새로운 정부의 부대변인 취임(4/18)
1990 서독 마르크화로 화폐 통합(7/1), 동서독 통일(10/3)
1991 헬무트 콜 내각의 여성가족부 장관 취임
1993 북부 포어포메른(Vorpommern) 주 하원의원 선거에서 당선(기민연, CDU)
1994 환경부 장관 취임
1998 기민연(CDU) 사무총장 취임
1998 1984년부터 사귀던 양자화학자 요아킴 자우어(Joachim Sauer) 교수와 결혼
2000 기민연(CDU) 당수 취임
2002 기민연의 총리후보 경선에서 낙선
2005 독일 총리 취임(11/22)
2006 'The World's Most Powerful Woman', 포브스(Forbes)
2009 독일 총리 취임(11/10)
2013 독일 총리 취임(12/17)
2015 '자유 세계의 총리(Chancellor of the Free World)', '타임' 올해의 인물
2018 독일 총리 취임(3/14).

초판 1쇄 발행일 2021년 2월 1일

지은이 이수영
발행인 김종섭
디자인 김민지

발행처 리음북스(월간리뷰)
출판등록 제2016-000026호
주소 서울 성동구 아차산로7나길 18 성수에이팩센터 408호
전화 02-3141-6613
팩스 02-460-9360
이메일 joskee@naver.com
값 20,000원

출력 · 인쇄 삼화에스피

ISBN 978-89-94069-59-3

이 도서의 국립중앙도서관 출판예정도서목록(CIP)은 서지정보유통지원시스템 홈페이지(http://seoji.nl.go.kr)와
국가자료공동목록시스템(http://www.nl.go.kr/kolisnet)에서 이용하실 수 있습니다.